U0927661

高等职业教育“十二五”规划教材

航空服务类专业教材系列

民航服务心理

向 莉 岳继勇 主编

宁 红 祁云鹤

柳 青 廖 佳 副主编

科学出版社

北 京

内 容 简 介

本书分为七章，以民航服务中涉及的心理学主要内容为基本框架，遵循实用、够用的原则，以行动为导向，从工作需要出发构建相关内容。在大量通俗易懂的理论阐述基础上，每节后穿插安排课外阅读材料和案例讨论，激发学生的学习兴趣，提高其在实践中运用心理学技巧的能力。

本书可作为高职高专航空服务类专业的教学用书，亦可供相关专业从业人员培训时使用。

图书在版编目（CIP）数据

民航服务心理 / 向莉，岳继勇主编．—北京：科学出版社，2013
（高等职业教育“十二五”规划教材·航空服务类专业教材系列）
ISBN 978-7-03-037448-6

Ⅰ．①民…　Ⅱ．①向…　②岳…　Ⅲ．①民用航空－旅客动输－商业心理学－高等职业教育－教材　Ⅳ．① F560.9

中国版本图书馆CIP数据核字（2013）第096713号

策划编辑：陈　磊 / 责任校对：刘玉靖
责任编辑：唐寅兴 / 封面设计：艺和天下
责任印制：吕春珉 / 版式设计：金舵手

科学出版社 出版
北京东黄城根北街16号
邮政编码：100717
http：//www.sciencep.com

三河市骏杰印刷有限公司　印刷
科学出版社发行　各地新华书店经销

*

2013年6月第　一　版　　开本：787×1092　1/16
2020年1月第九次印刷　　印张：12 1/4
字数：267 000

定价：35.00 元

（如有印装质量问题，我社负责调换〈骏杰〉）
销售部电话 010-62134988　编辑部电话 010-62135120-2019（VZ02）

高等职业教育航空服务类专业教材系列
编写指导委员会

序

PREFACE

伴随着中国经济社会的发展和人力资源需求的变化，职教界积极应对经济发展的形势，促成了中国职教改革背景的产生。在教高2006年16号文件指引下，高职教育率先迈出了改革步伐，人才培养质量工程得以实施，基于工作过程的职教改革思想得以贯彻。随着一百所高职示范院校的建设成功，大量的教改成果和教改思想涌现出来，极大推动了全国高职教育的发展步伐。

高职教育的培养目标，是培养合格的高技能人才，即千百万从事生产、建设、管理、服务第一线工作的高素质技能型人才。原有的职业教育体制没有区分出科学研究型、工程设计型教育和职业技能型教育的特点，均以学科化讲授式的教育方式育人，导致学生的个性发展与未来岗位对其的要求难以吻合，职业教育培养出的人才需要在企业重新接受现场培训后才能上岗，且职业能力和职业素养发展参差不齐。为此，我国高职教育在借鉴世界职教先进国家的教育经验特别是近年对德国职教理念进行了较为深入的研究后，走上了一条具有中国特色的改革之路。改革的主导思想是：以岗位工作的各项要素为基础，以典型工作任务为整合能力目标和知识点组织教学内容，注重学生知识运用和解决问题、自我发展能力的培养；以任务驱动、项目导向的教学方式，替代原有的以课堂知识讲授引领的教学形式；强调学生职业岗位工作任务的胜任度。

高等职业教育“十二五”规划教材·航空服务类专业教材系列即是在这一背景下产生的。高职专业是对社会职业的概括和提炼，航空服务专业服务于民航业高素质服务人才培养的需要。本套教材系列紧密围绕职业教育培养目标，遵循职业教育教学规律，其选题以满足行业发展对高素质技能型人才的需求为出发点，做到“实用、适用”；内容选取对接企业实际工作任务中知识、能力、素质要求，涵盖了民用航空服务业主要工作岗位的人才培养需求；课程内容与行业从业标准相对接，在结构、内容及方法等方面进行了改革及创新。

本套教材系列注重学生专业技能的培养，更注重职业素养的养成，同时关注行业先进技术在社会各领域中的应用；包括《民航基础》、《民用航空法基础》、《民航服务心理》、《民航服务与人际沟通》、《民航英语基础教程》、《民航客运英语教程》、《民航乘务英语教程》、《民航国内客票销售》、《民航货物运输》、《民航旅客运输》、《服务礼仪》、《客舱服务》、《机场服务》、《航线地理》、《形体塑造与展示》、《职业形象塑造》、《口语表达与播音技巧》、《饮食营养与卫生》、《航空服务营销》、《航空港概论》。

本教材系列体现工作过程导向，并符合高技能、应用性人才培养的目标和相关专业领域的职业岗位（群）的任职要求；内容设置科学实用，突出了针对性、适用性和创新性，为学生的可持续发展奠定良好的基础；在此基础上，把学生职业能力的培养和素质养成放在重要位置来考虑，满足职业性、实践性和开放性的教学要求。

本套教材系列设计独树一帜，目标定位准确；每本教材的内容以真实岗位工作任务为基础设计教学单元；每个单元中均设计了综合性的实训任务，以知识、能力、素质目标为主，配合知识要点、实训任务，穿插知识拓展、课堂练习。有关部分配备了可供教师扩展发挥的教学提示，以利不同专业教师选用、参考。

科学出版社先后两次召开有民航业资深专家、参编学校骨干教师、企业代表参加的审纲会，对本套教材的选题、选题内容、各选题的衔接以及编写体例进行了充分论证。本套教材的编者，既有在职教战线工作多年、直接参与了高职教育改革且具有丰富经验的资深教师，也有具备企业专业技术工作背景、又有丰富教学经验的双师素质教师。来自行业企业的领导和专家对本套教材进行了指导。因此，本套教材融合了教育界的改革成果和企业界的专业技术，紧密结合行业标准和工作实际，与国家职业资格考试制度接轨，充分反映了目前高职教育改革的阶段成果，是编者们经验和高职示范院校教学改革成果的结晶。

本套教材系列的体系体现了目前高职航空服务类课程教改思想和理念，与旅游服务、民航运输的工作内容相连接，既代表了高端服务领域——航空服务的技术规范，又为相关各拓展领域专业的教学提供参考。

本套教材能够较好地满足高职航空服务专业以及相关的空中乘务、民航运输等专业课程的教学需要，也可作为中职航空服务类课程教学和企业专项技能培训的参考资料。

高等职业教育航空服务类专业教材编写指导委员会

2011 年 10 月

前 言

FOREWORD

2013 年 1 月 24 日，国务院办公厅印发了《促进民航业发展重点工作分工方案》，延续了 2012 年 7 月发布的《国务院关于促进民航业发展的若干意见》政策，对意见的各项目标和任务进行了细化和分解。

2012 年 7 月发布的《国务院关于促进民航业发展的若干意见》是新中国成立以来第一部全面指导民航业发展的纲领性文件，明确了促进民航业发展的总体要求、主要任务和政策措施。在发展目标中明确提出，到 2020 年"航空运输规模不断扩大，年运输总周转量达到 1700 亿吨千米，年均增长 12.2%，全国人均乘机次数达到 0.5 次；航空运输服务质量稳步提高，安全水平稳居世界前列，运输航空百万小时重大事故率不超过 0.15，航班正常率提高到 80% 以上；通用航空实现规模化发展，飞行总量达 200 万小时，年均增长 19%；经济社会效益更加显著，航空服务覆盖全国 89% 的人口"。民航业的高速发展，使民航专业人才的需求呈现上升趋势，中国民航迎来了前所未有的机遇和挑战。

为了贯彻"以就业为导向、以服务为宗旨"的职业教育办学方针，适应职业院校人才培养和素质教育的需要，本书遵循实用、够用的原则，从行动为导向，从工作需要出发，构建教材内容，设计了民航服务心理学概述、民航服务意识、培养民航服务人员良好心理品质、满足或超越旅客的需要、民航服务中的客我交往、不正常航班的旅客心理及服务和旅客的投诉心理及服务共七章，内容广泛而不松散，力图让学生以解决民航服务工作中的实际问题为中心，形成民航服务心理学应用性的工作过程系统化结构，而不是学科性的层级知识结构。

本书编写分工如下：第一章由柳青（三亚航空旅游职业学院）编写；第二章由柳青和向莉（成都航空职业技术学院）共同编写；第三章由廖佳（电子科技大学成都学院）编写；第四章由向莉编写；第五章由岳继勇（河南信阳职业技术学院）编写；第六章由宁红（三亚航空旅游职业学院）编写；第七章由祁云鹤（河北旅游职业学院）编写。

编者在本书的编写过程中，得到了各兄弟院校的各位专家、同行及相关领导的指导和帮助，在此致以衷心的感谢。同时本书参考了大量书籍、期刊和资料，书后列举了主要参考书目，谨向有关作者致以诚挚的谢意。

由于时间仓促、内容繁多，书中难免存在疏漏和不妥之处，恳请各位专家、各院校教师和同学们不吝赐教。

编　者

2013 年 1 月

目录

CONTENTS

需求。

2. 服务的内涵

服务就是 SERVICE（本意亦是服务），其每个字母都有着丰富的内涵。

S——smile（微笑）：其含义是服务员应该对每一位客人提供微笑服务，所以微笑服务是最基本的服务要求。

E——excellent（出色）：其含义是服务员应将每一个服务程序，每一个微小服务工作都做得很出色。

R——ready（准备好）：其含义是服务员应该随时准备好为客人服务。

V——viewing（看待）：其含义是服务员应该将每一位客人看做需要提供优质服务的贵宾。

I——inviting（邀请）：其含义是服务员在每一次服务结束时，都应该显示出诚意和敬意，主动邀请客人再次光临。

C——creating（创造）：其含义是每一位服务员应该想方设法精心创造出使客人能享受其热情服务的氛围。

E——eye（眼光）：其含义是每一位服务员始终应该以热情友好的眼光关注客人，适应客人心理，预测客人要求，及时提供有效的服务，使客人时刻感受到服务员在关心自己。

3. 服务的基本层面

（1）用利服务

用利服务又叫“低劣的服务”。有些企业十分浮躁、急功近利、目光短浅，甚至见利忘义。利润至上、急功近利，是企业做不大、做不长，行业做不强的原因。

（2）用力服务

相当多的服务仍停留在用力服务的层面上，这是一种“消极的服务”，员工认为这种服务省事省心不担责任，把服务当成一种简单的工作，不动脑筋，只考虑制度面前人人平等，不考虑客人的感同身受。面对客人的正当要求，“对不起，这是我们的规定”成了最好的挡箭牌。制度是必要的，但任何制度都是相对滞后的，让客人感到腻烦、把客人气跑的制度是应该修改的。

（3）用心服务

用心服务又叫“优质服务”，确实把服务当成心爱的事业，把客人当成心爱的“人”，细心、精心、留心服务，让客人舒心，最后达到价值双赢。

（4）用情服务

用情服务又叫“卓越的服务”，投入真情，为客人提供体贴入微的服务，以真诚赢得客人的忠诚。

（5）用智服务

用智服务又叫“传奇的服务”，是最高层面的服务，是文化服务，是用艺术和智慧服务。

由此可见，服务的基准线应该是用心服务，因为优质的服务不但要满足客户物质上的需求，还要满足客户精神上的需求，用真心爱客人、观察客人和用诚心打动客人。

二、民航服务概述

1. 民航服务的含义

民航服务就是以旅客的需求为中心，为满足或超越旅客的需要而提供的一种服务。旅客是民航服务的核心和主体，民航服务人员和航空公司则是民航服务的客体。从旅客的角度看，民航服务就是旅客在消费过程中的感受，也可以说是航空公司及服务人员的表现给他们留下的印象和体验。从航空公司的角度看，民航服务的本质是员工的工作表现。民航服务是航空公司提供给旅客的无形产品。

2. 民航服务的特征

民航服务作为一种特殊的产品，具有如下特征。

（1）以旅客需求为中心

每个旅客在思想、爱好、需要、价值观、情绪等方面都存在着差异。民航服务必须围绕旅客的不同需求展开工作，力求使每个旅客都感到满意。

（2）无形性

民航服务本身是无形的、抽象的。旅客看不见、摸不着，但能感觉到和享受到。旅客对服务质量较难考核和控制，难以做出精确的判断。所以，民航服务人员必须接受专业化、灵活服务的训练，以有效应对不同类型的旅客，向他们提供最适合的服务，尽可能满足他们不同的消费需求。

（3）一次性

旅客对民航服务的心理需要往往具有一次性的特点。如果旅客在服务过程中感到不满意或不愉快，就不可能像工业产品那样，能够重新弥补、重新返工。因而不周到的民航服务所产生的不良结果，往往难以在短时间内消除，甚至没有改正的机会。

（4）不可储存性

民航服务在很大程度上要受旅客即时需要的制约，也就是说，只有当旅客具有一定的服务需要时，民航服务行为才能实现和完成。它不具有储存性，只能满足当时当地发生的旅客需要。

（5）灵活多变性

不同的旅客有不同的服务需要，即使同一个旅客的需要也是不断变化的。民航服务必须针对旅客不同的需要，及时、准确、周到地提供相应的服务。一般情况下，民航服务组织很难做到百分之百的预测精确。旅客来自不同民族、不同国家（地区），处于不同层次、不同文化背景；他们有不同的年龄、不同的职业、不同的思想意识和道德规范，并且有不同的宗教信仰、风俗礼仪、饮食习惯、生活禁忌等。因此，服务员除应具备一定的专业服务知识和技能外，还应广泛掌握多方面的知识与技能，如旅游知识、礼仪知识、营养学知识、心理学知识等，从便灵活地、有针对性地运用多种服务方法，接待“各种各样”的旅客。

(6) 系统性

民航服务是航空公司各个部门、各个环节，以及服务过程、服务程序和服务质量的综合体现，具有系统性的特点。

(7) 主体价值性

民航服务的宗旨，是最大限度地满足旅客的需要，使旅客得到益处，得到愉悦和快乐。旅客为得到相应的服务已经付出了一定的报酬，航空公司和民航服务人员理应为旅客提供所需要的服务。

(8) 不可转让性

任何一位旅客，都无法把其所接受的服务转让给第三者去了解和体验，且仅以“当时”为限，等到下次光临时，则会因服务人员不同，而呈现出另外的服务模式及服务态度。

(9) 差异性

即使旅客乘坐同一家航空公司的飞机，也可能因为服务员的差异，或是时间的不同，而得到多种多样的服务模式和形态。

三、民航服务人员的基本要求

1. 良好的外在形象

心理学的研究结果表明，人的心理活动首先来自于外部环境信息对视觉的影响，外部环境的第一信息十分重要，当人展示自己身上的魅力后，其以后的活动就都具有魅力. 这就是所谓的首因效应。良好的外在形象可以在乘客心中产生良好的首因效应，从而增强美好的第一印象和亲切感，拉进与乘客的距离，增加乘客的愉悦感。同时，美好的个人形象也代表了公司的整体形象，体现航空公司的个性追求。所以，对航空服务人员的外在条件提出要求是必须的。

但良好的外在形象不是仅指美丽的外表，而是在优越的外形条件基础上一种良好气质的外显，体现出一种整体美和亲和力。这就要求航空服务人员不仅有良好的仪态、仪表，同时还需要服务人员时刻保持发自内心的微笑，来感染乘客的情绪。

2. 丰富的民航专业知识

无论是空中服务还是地勤服务的各个岗位都需要有相对应的民航专业知识，所以，作为民航服务人员首先要有扎实的民航专业知识的功底。例如，售票、值机、安检、联检、问询、候机引导、乘务和配载等各个岗位所需的民航专业知识侧重点各不相同，因此民航服务人员要有丰富的民航专业知识。例如，乘务人员的应急处置，遇到紧急情况如何帮助旅客撤离、逃生等，都要经过民航专业培训；安检人员如何在安检仪形形色色的图标中迅速识别出危险物品，也要经过系统的民航知识的学习；售票人员、安检人员、值机人员、行李分拣人员都要熟记常用城市的三字代码等。

3. 敏锐的服务意识

服务意识是服务人员主动为客人提供优质服务的意念和愿望，是人们服务行为的驱动力，是更好满足旅客需求的前提和基础。航空服务人员必须在完成规范化服务的同时善于发现旅客的需求，具备超前意识，给旅客带来满意加惊喜的服务，这才是提高服务质量的根本途径。同时，航空服务人员还要有娴熟的服务技巧，把服务意识和服务技能高度统一起来，在具备敏锐服务意识的前提下，合理运用服务技能，才能把优质的服务奉献给旅客。

4. 良好的心理素质

民航服务工作的性质决定了民航服务人员每天要与大量的旅客打交道，这些旅客的性格、气质、身份和受教育背景等不尽相同，所以在某些特定情境下的表现也不同，如航班延误、航班取消等航班不正常情境下，每个旅客的表现也是不一样的，作为民航服务人员要具备良好的心理素质，能处理这些突发事件。在客运高峰期，遇到流量控制，旅客登机后飞机有可能短时间内不能起飞，旅客就有可能烦躁、发牢骚等，面对这些情况，乘务人员都要冷静理智地去处理。

5. 优秀的服务态度

总的来说，服务态度应该表现为主动热情、耐心周到、文明礼貌、尊重顾客。在与旅客接触的过程当中对于一些特殊旅客，如老人、孕妇、无人陪伴儿童、身体有残疾的旅客，服务人员尤其要做到耐心周到，要会换位思考，多替旅客着想。对于有些旅客是第一次坐飞机，可能不熟悉乘机流程，服务人员就要尊重旅客、耐心指引，在所有接触的过程当中要注意服务礼仪，语言要注意文明礼貌。

6. 强烈的工作责任心

民航服务业不同于普通的服务行业，民航的很多岗位牵涉到民航安全，所以服务人员在提供热情服务的同时也要提高工作责任心。例如，安检岗位的工作人员，既要热情耐心，又要保持高度的警惕性，对易燃易爆物品、危险品、管制刀具、腐蚀性的化学药品等可能对航空安全造成威胁的物品，要严禁携带进客舱及托运，安检人员在检查乘机证件的时候要注意识别假证件，以及过期的护照、签证等。值机人员如果由于粗心大意忘记给旅客的行李拴挂行李条，就会造成旅客行李的丢失，给航空公司和旅客带来不必要的麻烦。候机引导人员如果将旅客带领到错误的登机口，旅客就会乘错飞机。售票人员在出售机票的时候如果错误输入旅客的身份证号，也会影响到旅客的乘机。所以，为了保证民航安全，为了保证航空运输能顺利进行，民航服务人员在各自的岗位上必须保持高度的工作责任心。

练 习

1．什么是服务？服务可以分为几个层面？

2．民航服务的特征有哪些？

3．民航服务人员的基本要求是什么？

课外阅读

民航乘务员国家职业标准结构及内容（摘录）

一、制定民航乘务员国家职业标准的依据

根据《中华人民共和国劳动法》的有关规定，为了进一步完善国家职业标准体系，为职业教育、职业培训和职业技能鉴定提供科学、规范的依据，国家职业标准是由劳动和社会保障部（现为人力资源和社会保障部）组织编制并颁发的。根据劳动和社会保障部编标工作计划（2006年10月底前完成）和全国职业技能大赛工作计划（2006年11月底前开展首届中国民航乘务员职业技能大赛暨乘务员技师选拔活动），受劳动和社会保障部委托，原中国民用航空总局（以下简称原民航总局，现为中国民用航空局）劳动主管部门从2006年3月开始组织了民航运输专业的有关专家在原《民航乘务员职业技能鉴定规范》的基础上，制定了《国家职业标准：民航乘务员（试行）》，在劳动和社会保障部领导的指导下，经过专家们的共同努力，该职业标准已上报劳动和社会保障部，并于2006年11月3日起施行。

二、民航乘务员国家职业标准制定等级

根据民航乘务员工作责任和工作难度，结合民航乘务员生产实际将本职业分为4个等级，分别为五级（初级）、四级（中级）、三级（高级）、二级（技师），目前全国最高分为5个等级，即五级、四级、三级、二级、一级（高级技师）。

三、民航乘务员国家职业标准内容结构

民航乘务员国家职业标准包括以下4项内容。

1．职业概况

(1) 职业名称

民航乘务员。

(2) 职业定义

根据空中服务程序、规范及客舱安全管理规则在飞机客舱内为旅客服务的人员。

(3) 职业等级

本职业共设4个等级，分别为：五级民航乘务员（国家职业资格五级）、四级民航乘务员（国家职业资格四级）、三级民航乘务员（国家职业资格三级）、二级民航乘务员（国家职业资格二级）。

(4) 职业环境

飞机客舱内、常温、高空。

(5) 职业能力特征

具有较强的表达能力和观察、分析、判断能力；具有一定的空间感和形体知觉、嗅觉；手指、手臂灵活，动作协调；身体无残疾，无重听，无口吃，无色盲、色弱，矫正视力在5.0以上；男性身高在1.74m以上，女性身高在1.64m以上；无犯罪和不良记录。

2. 基本要求

(1) 职业道德

1) 职业道德基本知识。

2) 职业守则。

①遵纪守法，诚实守信。②爱岗敬业，忠于职守。③保证安全，优质服务。④钻研业务，提高技能。⑤团结友爱，协作配合。

(2) 基础知识

1) 民用航空及主要航空公司概况。

①中国民用航空概况。②中国主要航空公司概况。③国际民航组织概况。④国际航空运输概况。

2) 地理知识。

①中国地理一般知识。②中国各省、自治区、直辖市、特别行政区简介。③世界地理一般知识。④世界部分国家、城市简介。

3) 航行一般知识。

①航线知识。②航空机械。③航空气象。④航空卫生。

4) 宗教礼俗。

①基督教。②佛教。③伊斯兰教。④犹太教。

5) 各地礼俗。

①中国少数民族的风俗习惯。②部分国家的风俗习惯。③部分国家和地区的饮食习惯。④部分国家的国花、国鸟、国树及国名。⑤重要节日。

6) 礼仪知识。

①仪容。②仪表。③仪态。④礼貌。⑤礼节。

7) 航空旅客心理常识。

①航空旅客心理研究的意义。②马斯洛需要层次理论。③心理服务的几个要素。④乘务员心理品质的培养。

8) 机组资源管理。

①人为因素概述。②机组资源管理概述。③差错管理及预防对策。

9) 航空运输常识。

①旅客交运行李及手提物品规定。②航班不正常情况的一般规定。③客票使用的一般规定。④订座的一般规定。⑤退票的一般规定。

10) 相关法律法规。

①《中华人民共和国民用航空法》的相关知识。②《中华人民共和国安全生产法》的

相关知识。③《中华人民共和国劳动法》的相关知识。④《中华人民共和国合同法》的相关知识。⑤《中华人民共和国治安管理处罚法》的相关知识。

11）常用术语。

①乘务员专业术语。②乘务专业英文代码的含义。③乘务专业常用词汇中英文对照。

3．工作要求

本标准对五级、四级、三级和二级民航乘务员的专业能力要求依次递进，高级别涵盖低级别的要求。

注：职业功能指要实现的工作目标；

工作内容指要完成功能所应做的具体工作；

技能要求指完成每一项工作内容应达到的结果或应具备的技能；

相应知识指达到每项技能要求所必备的知识。

(1) 五级乘务员

五级乘务员的工作要求如表 1.1 所示。

表 1.1　五级乘务员的工作要求

职业功能	工作内容	技能要求	相关知识
一、客舱服务	(一) 旅客登机前准备	1．能检查经济舱、厨房、洗手间等服务设施状况 2．能检查经济舱食品、酒水、卫生等服务用品配备状况 3．能检查经济舱卫生状况	1．预先准备程序及要求 2．服务设施检查标准 3．服务设施管理标准及要求 4．客舱服务管理 5．清舱规定
	(二) 起飞前准备	1．能迎接旅客并引导入座 2．能为旅客提供报纸、杂志 3．能指导旅客摆放行李 4．能操作客舱门分离器	1．旅客行李物品存放与保管的要求 2．特殊行李占座规定 3．报纸、杂志分发程序及标准 4．分离器操作规定
	(三) 空中服务	1．能在正常情况下进行两种语言广播 2．能指导旅客使用客舱服务设施 3．能保持经济舱客舱、厨房、洗手间清洁 4．能指导旅客填写短程航班海关、边防、检疫申报表 5．能为老年、有成人陪伴儿童等旅客提供服务 6．能判断和处理晕机、压耳等机上常见病 7．能用两种语言回答航班时刻、飞行距离等航线知识的问询	1．正常情况下广播要求 2．服务设施操作规范 3．客舱服务管理规定 4．短程航班海关、边防、检疫相关规定 5．特殊旅客服务要求 6．机上常见病处置方法 7．航线知识
	(四) 餐饮服务	1．能识别橙汁、可乐等常见酒水中英文名称 2．能为经济舱旅客冲泡茶水、咖啡 3．能为经济舱旅客提供酒水服务 4．能识别特殊餐食的代码 5．能烘烤经济舱餐食 6．能为经济舱旅客提供餐食	1．饮料定义和分类知识 2．经济舱饮料服务标准及要求 3．经济舱茶、咖啡冲泡的要求及方法 4．特殊餐食代码和供应标准 5．烘烤餐食的方法和要求 6．经济舱餐食服务标准

职业功能	工作内容	技能要求	相关知识
一、客舱服务	（五）落地后管理	1．能处理飞机滑行期间旅客站立、开启行李架等不安全行为 2．能对经济舱客舱、厨房、洗手间进行清舱检查	1．落地后安全管理规定 2．清舱规定
二、安全保障	（一）应急设备检查与使用	1．能识别应急设备标示及中英文名称 2．能检查和使用灭火瓶、氧气瓶等应急设备 3．能在正常和应急情况下开启、关闭舱门、应急出口	1．应急设备中英文名称 2．应急设备标示的识别 3．舱门、应急出口操作标准要求 4．应急设备的使用和注意事项
	（二）安全介绍	1．能进行氧气面罩、救生衣等客舱安全演示 2．能对出口座位旅客进行资格评估 3．能向老人及儿童等特殊旅客作个别简介	1．客舱安全简介内容及方法 2．客舱安全演示规范动作的要求 3．出口座位管理的要求 4．对旅客的安全简介
	（三）安全检查	1．能对旅客安全带、行李架等进行客舱安全检查 2．能对经济舱客舱、厨房、洗手间设备进行安全检查 3．能处理旅客吸烟等非法行为	1．旅客行李物品存放的要求 2．便携式电子设备使用的限制及要求 3．禁烟规定要求 4．客舱安全检查标准及要求 5．进出驾驶舱的有关规定 6．飞机应急撤离能力 7．飞行关键阶段
三、应急处置	（一）失火处置	1．能处置烧水杯失火 2．能处置烤箱失火 3．能处置洗手间失火	失火处置方法
	（二）释压处置	1．能判断客舱释压现象 2．能指导、帮助旅客应对客舱释压 3．能在释压后巡视客舱并救助旅客	客舱释压处置的工作要求和原则
	（三）应急撤离	1．能进行陆地有准备的应急撤离 2．能进行水上有准备的应急撤离 3．能进行无准备的应急撤离	1．应急撤离程序 2．撤离时的指挥口令 3．撤离后工作程序 4．能引导旅客到达安全地带

（2）四级乘务员

四级乘务员的工作要求如表 1.2 所示。

表 1.2 四级乘务员的工作要求

职业功能	工作内容	技能要求	相关知识
一、客舱服务	（一）旅客登机前准备	1．能检查头等舱、公务舱旅客服务设施状况 2．能检查头等舱、公务舱食品、酒水等服务用品配备状况 3．能检查视、音频工作状态 4．能核对机上免税品配备状况 5．能调控客舱灯光	1．机长职责及权限 2．预先准备程序及要求 3．头等舱、公务舱服务设施检查标准和操作规范 4．头等舱、公务舱服务用品配备标准 5．视、音频检查标准 6．免税品管理规定 7．客舱灯光调节标准

续表

职业功能	工作内容	技能要求	相关知识
一、客舱服务	（二）起飞前准备	1．能为头等舱、公务舱旅客提供迎宾服务 2．能签收和交接业务袋、货单等随机文件 3．能组织客舱门分离器操作	1．登机音乐规定 2．头等舱、公务舱旅客登机时的工作要求 3．公邮、货单、票证箱等的签收和交接规定 4．分离器操作规定
	（三）空中服务	1．能在航班延误、清点旅客等特殊情况下进行两种语言广播 2．能为重要旅客、无成人陪伴儿童等特殊旅客提供服务 3．能为轮椅、盲人等残障旅客提供服务 4．能指导旅客填写远程航班海关、边防、检疫申报表 5．能按规定销售免税品 6．能处理航班延误、餐食质量等一般问题的投诉 7．能用两种语言回答旅客有关中转、订座、改签和行李等方面的问题 8．能填写航班乘务组的交接单 9．能按要求对飞机喷洒药物	1．特殊情况下广播要求 2．特殊旅客服务要求 3．个人折叠式轮椅的运输规定 4．远程航班海关、边防、检疫规定 5．免税品销售规定 6．一般投诉处理方法 7．衣物污损处理规定 8．更换座位规定 9．冷藏药品规定 10．遗失物品规定 11．国内/国际航线知识 12．中国民航主要航空公司二字代码 13．航空运输知识 14．乘务组交接管理规定 15．飞机喷洒药物规定
	（四）餐饮服务	1．能提供头等舱、公务舱酒水服务 2．能识别西餐中英文名称 3．能识别各种面包的中英文名称 4．能提供国内头等舱、国际短程头等舱餐食服务 5．能提供国内/国际公务舱餐食服务 6．能提供犹太餐、儿童餐等特殊餐食服务	1．酒水服务标准及要求 2．头等舱、公务舱热饮冲泡的要求及方法 3．国内头等舱、国际短程头等舱餐食服务标准 4．国内/国际公务舱餐食服务标准 5．烘烤餐食的方法和要求 6．西餐餐谱中英文名称 7．特殊餐食代码和供应标准
	（五）落地后管理	1．能组织乘务组航后进行讲评 2．能填写乘务日志	1．航后讲评会要求 2．乘务日志填写规定
二、安全保障	（一）应急设备检查	1．能组织检查客舱应急设备 2．能填写《客舱设备维修记录本》	1．客舱应急设备检查标准、方法及报告程序 2．《客舱设备维修记录本》填写规定
	（二）特殊情况处置	1．能处理旅客争抢座位、行李架等纠纷 2．能处理旅客酗酒滋事等行为	1．旅客不当行为处理原则 2．旅客非法行为处理原则 3．进入驾驶舱人员的限制
三、应急处置	（一）失火处置	1．能处置衣帽间、机组休息室失火 2．能处置客舱壁板失火 3．能处置B-747COMBI型飞机机内货舱失火 4．能组织乘务员进行机上灭火	1．失火处置程序 2．与机长和乘务员的联络方式 3．灭火结束后的善后处理
	（二）客舱释压	能组织乘务员进行释压处置	1．释压警告信号、处置方法 2．与机长和乘务员的联络方式 3．释压结束后的善后工作

续表

职业功能	工作内容	技能要求	相关知识
三、应急处置	（三）应急撤离	1．能指挥乘务员进行应急撤离前客舱准备 2．能指挥乘务员进行应急撤离 3．能在应急情况下用两种语言进行广播	1．应急撤离的原则和程序 2．与机组的联络方式 3．安全地带选择的要求 4．应急情况下广播要求
	（四）反劫机处置	1．能使用机组联络暗语通报情况 2．能稳定劫机者情绪 3．能按反劫机处置预案进行处置	1．《中华人民共和国安全保卫条例》部分条款 2．《中华人民共和国刑法》关于对劫机犯的处罚条款 3．反劫机处置预案 4．《关于制止非法劫持航空器的公约》(《海牙公约》)部分条款
	（五）应急医疗处置	1．能处置晕厥、休克、癫痫等机上常见病 2．能实施心肺复苏 3．能实施止血、包扎、固定、搬运等外伤急救 4．能签收、固定旅客医用氧气瓶	1．机上常见病症处置方法 2．机上急救设备 3．一般应急医疗知识 4．特需应急医疗知识 5．旅客医用氧气运输规定
	（六）危险品处置	1．能识别易燃液体、腐蚀性物品等危险品标志和标签 2．能按规定程序报告机上危险品位置、外观、体积、数量等信息 3．能使用生化隔离包	1．国内、国际有关危险品的法律和法规 2．危险品运输的一般宗旨和限制条款 3．机上危险品事故应急处置程序及方法

（3）三级乘务员

三级乘务员的工作要求如表 1.3 所示。

表 1.3　三级乘务员的工作要求

职业功能	工作内容	技能要求	相关知识
一、客舱服务	（一）空中服务	1．能处理旅客因飞机周转造成延误、更换机型等投诉 2．能处理遣返旅客、无签证过境旅客等特殊情况 3．能为担架旅客提供服务	1．与旅客沟通技巧 2．非正常旅客处理规定 3．担架旅客运输规定 4．中国民用航空旅客、行李国际运输规则 5．世界部分航空公司二字代码
	（二）餐饮服务	1．能提供国际远程航班头等舱餐食 2．能调制血玛丽、金汤尼等鸡尾酒 3．能识别各种色拉汁的名称及产地 4．能识别各种奶酪的名称及产地	1．国际远程航班头等舱供餐标准 2．鸡尾酒的调制方法及调制程序 3．色拉汁的名称及产地 4．奶酪的名称及产地
二、安全管理	（一）设备管理	1．能处理空中舱门漏气、内话机等客舱设备故障 2．能使用自动体外除颤仪等极地运行设备	1．空中舱门漏气、内话机故障、安全带禁止吸烟信号灯故障的处理方法 2．极地运行规范要求

续表

职业功能	工作内容	技能要求	相关知识
二、安全管理	（二）特殊情况处置	1．能处理旅客故意伤害他人，盗窃损坏机上应急设备、设施等非法行为 2．能处理旅客寻衅滋事、破坏公共秩序等不当行为 3．能固定失能的机组人员 4．能填写机上事件报告单	1．旅客非法行为处置程序 2．旅客不当行为处置程序 3．机上指挥权接替 4．机组人员失能处置程序 5．重大事件报告程序 6．《关于在航空器内犯罪和某些其他行为的公约》（《东京公约》） 7．《制止危害民用航空安全的非法行为的公约》（《蒙特利尔公约》）
三、应急处置	（一）客舱排烟	能进行客舱烟雾的空中排放	客舱烟雾的空中排放程序
	（二）应急撤离	1．能用天然材料组成地对空求救信号 2．能用手电筒、反光镜等工具发出求救信号	1．应急求救信号与联络方式 2．求生工具的使用方法 3．陆地、水上、丛林、极地求生技巧
	（三）应急医疗处置	1．能处理痢疾、流行性感冒等常见传染病 2．能处理食物中毒、气道堵塞等机上常见病	1．传染病种类、症状及预防措施 2．食物中毒、气道堵塞等机上常见病处置方法 3．机上死亡事件处置方法
	（四）危险品处置	能运用《飞行中客舱内危险品事故征候检查单》对机上危险物品进行处置	危险品运输知识
四、培训指导	（一）指导操作	能指导五级、四级民航乘务员进行实际操作	培训教学基本方法
	（二）理论培训	能讲授本专业理论知识	

(4) 二级民航乘务员

二级民航乘务员的工作要求如表 1.4 所示。

表 1.4　二级民航乘务员的工作要求

职业功能	工作内容	技能要求	相关知识
一、服务管理	（一）组织与实施	1．能编写客舱服务计划方案及实施办法 2．能按照实际需要提出人员调配和岗位设置的建议方案 3．能组织、开展客舱服务演练 4．能制定乘务员各岗位工作标准、考核办法 5．能对航班服务质量进行评估，提出改进方案 6．能组织开发服务产品	1．服务计划制定要求 2．客舱乘务员行业标准 3．航班服务质量调查方法 4．航班检查的工作方法 5．服务产品开发知识
	（二）情况处置	1．能分析航班服务存在问题的原因，并提出解决措施 2．能提出专、包机服务方案的具体措施，并监控和总结	1．旅客心理学 2．公共关系能力在客舱服务工作中的应用 3．机组资源管理知识

续表

职业功能	工作内容	技能要求	相关知识
二、安全管理	（一）组织与实施	1．能提出有关客舱空防安全的措施和建议 2．能编写客舱安全预案 3．能组织实施应急撤离演练	1．《中华人民共和国民用航空法》 2．《中华人民共和国民用航空安全保卫条例》 3．《大型飞机公共航空运输承运人运行合格审定规则》
	（二）情况处置	1．能分析航班工作中存在客舱安全问题的原因并提出解决办法 2．能在突发应急医疗事件中指挥、组织、协调乘务员有序工作 3．能对劫机、炸机等突发应急事件进行处置	1．应急医疗知识 2．《中华人民共和国治安管理处罚法》 3．《中华人民共和国刑法》关于对劫机犯的处罚 4．《国际民用航空公约》（《芝加哥公约》）
三、培训指导	（一）理论培训	能编写培训大纲、教案	1．职业培训的辅助设备、要求 2．培训教案及大纲
	（二）指导操作	1．能指导三级民航乘务员进行实际操作 2．能指导新晋级的主任乘务长进行实际操作	
	（三）理论研究	1．能编写服务产品计划书 2．能为新机型引进提供客舱布局参考建议	1．服务产品开发知识 2．客舱布局知识 3．客舱工作知识

4．比重表

（1）理论知识

理论知识相关内容如表1.5所示。

表1.5 理论知识相关内容

项目		五级/%	四级/%	三级/%	二级/%
基本要求	职业道德	5	5	5	5
	基础知识	20	15	10	5
相关知识	客舱服务	25	30	30	—
	安全保障	25	20	—	—
	应急处置	25	30	25	—
	安全管理	—	—	20	40
	服务管理	—	—	—	40
	培训辅导	—	—	10	10
合计		100	100	100	100

（2）技能操作

技能操作的相关内容如表1.6所示。

表 1.6　技能操作的相关内容

项　　目		五级 /%	四级 /%	三级 /%	二级 /%
技能要求	客舱服务	30	40	30	—
	安全保障	30	20	—	—
	应急处置	40	40	40	—
	安全管理	—	—	25	45
	服务管理	—	—	—	45
	培训辅导	—	—	5	10
合　　计		100	100	100	100

第二节　民航服务心理学的研究对象、内容及意义

一、民航服务心理学的研究对象

民航服务心理学研究的任务在于探讨民航服务过程中人的心理活动规律，正确认识旅客和服务员自身的心理活动特点，从而提高服务质量。因此，民航服务心理学的研究对象包括民航旅客的消费心理和行为，以及民航服务人员的服务心理和行为。民航服务心理学既要研究民航旅客的服务需要、动机、情绪情感、社会文化等相关的心理活动特点和规律，同时也要研究民航相关服务人员，如机场候机楼内的管理服务人员、机场商场的售货人员、机场地勤服务人员、航空公司的飞行人员及空中乘务人员的态度、需要、动机、人际关系等心理活动特点和规律。不过在民航服务心理学的研究中，关于民航旅客的心理研究应该是主要的研究内容，这样才能充分体现出民航旅客的主体地位，而民航相关服务人员的心理研究应该作为民航服务心理学研究的需要和补充。

二、民航服务心理学的研究内容

民航旅客服务心理学研究的内容，既包括民航旅客与民航服务人员的心理活动，又包括服务过程中旅客与服务人员交往时的一些心理规律。

1. 民航服务心理学要揭示民航旅客服务中的一些心理规律

心理学告诉我们，人们的心理需求动机是产生行为的内在动因，这是人类的一般心理规律。民航服务心理学作为心理学的分支，它要研究民航旅客行为背后有哪些心理需求，如旅客乘机的动机是什么；乘机过程中有何需求；为什么有时旅客提出一些要求，民航服务人员给予满足后，过一会儿他又提出新的要求；当旅客有些要求得不到满足时，旅客心里有哪些活动等。民航服务心理学要揭示出这些规律，并用它来指导民航旅客服务工作，帮助服务人员了解旅客心理需求，掌握旅客心理活动规律，针对旅客的不同心理需求采取有的放矢的服务，使服务质量有所提高。

另外，由于每个民航旅客生活的社会环境不同及每个人先天素质的差异，因此每个人的气质、性格也有所不同，这些不同的气质或性格在服务过程都会表现出来。例如，同样是航班延误，有的旅客暴跳如雷，有的旅客却无动于衷。正因为这样，民航服务心理学还要研究旅客的性格、气质的差异，研究这些差异的表现，以便服务人员了解掌握旅客的性格和气质。服务人员根据旅客不同的性格、不同的气质进行不同方式的服务，从而使服务工作做得更加完善。

2．民航服务心理学要揭示服务人员的一些心理规律

在实际工作中，大量的经验和教训告诉我们，服务人员的自身素质、心理品质的好坏，与服务质量的好坏有着十分密切的关系。服务质量的好坏，很大程度上取决于服务人员的素质与心理品质的好坏。研究服务人员心理的目的，就是要揭示服务人员在服务工作中的一些心理规律，包括服务人员应该具备哪些良好的心理品质等。同时，也为提高服务人员的自我认识、自我修养提供了理论依据，从而使全体民航旅客服务人员意识到，良好的心理品质与素质不仅是做好服务工作的前提，也是一个合格服务人员的必备条件之一。

3．民航服务心理学要揭示服务过程中旅客与服务人员交往时的一些心理规律

揭示民航服务过程中旅客与服务人员的一些心理规律，也是民航服务心理学的一个重要任务。如果说前面提到的揭示旅客与服务人员的心理规律是从静态上分析，那么研究服务交往就是从动态上进行分析，即从服务工作运动的角度来分析、揭示旅客与服务人员在服务交往中的一些心理规律。

三、学习民航服务心理学的意义

1．有助于民航服务人员了解自我、完善自我

民航服务心理学的学习可以提高民航服务人员的自我认识，使他们更加了解自我的优缺点；逐步学会控制自己的情绪，逐步养成良好的服务态度和服务意识。同时，民航服务心理学的学习也会使民航服务人员逐步明确一名优秀的民航服务人员应该具备什么样的心理品质，这些心理品质需要达到怎样的水平。这点对民航服务人员有着重要的指导价值，可以明确自己努力的方向。所以说，民航服务心理学的学习可以使民航服务人员不断理解自我、完善自我。

2．有助于提高民航服务人员素质，建设高质量的员工队伍

随着我国民航运输的快速发展，国内、国际航空公司之间的竞争也日益激烈，各航空公司为了提高企业的竞争力，对服务质量提出了更高的要求。民航服务是一项与人打交道的工作，民航服务人员为旅客提供服务，实际上是一种人与人之间的交往关系，既然是与

人打交道，就必须要了解人的心理。民航服务人员一方面必须要了解旅客的各种心理特点，并根据旅客的个性特点提供高质量的针对性服务；另一方面还要了解与把握自身的心理，培养自身良好的心理素质。因此，学习民航服务心理学对于民航服务人员更好地完成服务任务，提高民航服务质量有重要的实践意义。

3．有助于提高民航企业的管理效率和经营水平

民航服务心理学的学习可以让民航服务人员更好地了解所面对的旅客，把握民航旅客的个性特点，并帮助他们运用心理学规律去分析旅客的心理规律，有针对地调整企业的经营方针和策略。同时，民航服务心理学对员工心理的探讨和分析，可以帮助管理者了解员工心理状态和个性心理，了解企业内部人际关系状况，从而使管理者得以有效调节和引导员工的心理状态，调动员工的工作积极性。所以，民航服务心理学为民航企业的人力资源管理提供了必要的知识支持。

4．有助于民航服务质量的提高和民航事业的发展

民航事业的性质特点决定了在从事这一行业时必须对所服务的对象有充分的了解。了解旅客的性格偏好，了解旅客的内在需求，是民航从业者的首要任务。民航企业要取得竞争的胜利，必须使自己的产品真正满足旅客的需求，这是民航企业赖以生存和发展的生命线。民航服务心理学就肩负着帮助民航从业者了解旅客和了解自身的重要任务，对于发展我国民航事业，提高民航服务质量有着重要的价值。学习该课程，不仅要做到知己知彼的掌握层次，更要做到准确预测和有的放矢地引导旅客心理的应用层次。

练　　习

1．民航服务心理学研究的对象有哪些？
2．民航服务心理学研究的内容是什么？
3．学习民航服务心理学对你而言有何意义？

课外阅读

心理学的产生

美国心理学家加德纳·墨菲（Gardner Murphy）曾说过：“世界第一个心理学故乡在中国。”这是一个颇为客观和公正的评价。因为2000年前，在我国思想家遗留下来的著作中，就有不少关于心理学的思想。春秋时期的孔子（公元前551～前479）提出“知之者不如好之者，好之者不如乐之者”（《论语·雍也》），“学而时习之，不亦乐乎”（《论语·学而》），以及“因材施教”等诸多观点，已蕴涵现代心理学中的兴趣、记忆和个性差异等问题。战国时期的荀况（公元前313～前238）关于“形具而神生，好恶，喜怒，哀乐藏焉”（《荀子·天论》）的学说阐明了先有身体而后有心理、心理依附于身体的身心观。

关于心理与脑的关系，我国古代也有比较正确的认识。明代医学家李时珍（1518～1593）提出“脑位原神之腑”的论断，认为脑是神经中枢，它聚集着人的精神。清代著名医生王清任（1768～1831）根据大脑的临床研究和尸体的解剖，明确指出，灵机、记性不在心，在脑。后人称之为“脑髓说”。

关于心理的研究，最早是孕育在古代哲学之中的。那时，没有专业的心理学家和独立的心理科学，各种心理现象的研究，是由哲学家在研究哲学时附带着加以完成的。

柏拉图（Plato，公元前427～前347）把人分为灵魂（心灵）和身体（肉体）两个层面进行分析。亚里士多德（Aristotle，公元前384～前322）认为，人之所以会产生内心活动就是因为人的心脏在活动。他认为，耳朵、眼睛等器官获得的信息、知识被引导到了心脏，从而形成了人的内心活动。

亚里士多德有一本著作叫《论灵魂》，在这本书中，他对感觉、记忆、回想、睡眠和清醒等与现代心理学相通的课题进行了讨论。

但是到了后来，由于基督教的影响，人的内心及行为都被认为是由神所支配的，使得心理学的研究在一个时期内销声匿迹了。直到17世纪近代科学发展起来之后，心理学才从基督教的思维方式中脱离出来，并确立了科学的方法论。

在此期间，英国产生了“经验主义心理学”，后来发展成为约翰·洛克（John Locke，1632～1704）和大卫·休谟（David Hume，1711～1776）所提倡的“联想心理学”。与此同时，在德国产生了“理性主义心理学”，勒内·笛卡儿（Rene Descartes，1596～1650）、C.沃尔夫（C. Wolff）将其发展成为“能力心理学”。

18～19世纪，生理学的发展对心理学产生了极大的影响。有一种观点甚至认为，现代心理学的源头不在哲学，而在生理学。19世纪中叶，随着威廉·冯特（Wilhelm Wundt，1832～1920）的出现，科学的心理学终于诞生了。

心理学作为一门科学正式确立，开始于1879年冯特在德国莱比锡大学创立的世界上第一个心理学实验室。这个实验室吸引了来自世界各地的思想活跃的心理学学者，在心理学的发展过程中起到了非常重大的作用。冯特原本是德国的一位生理学家，他从以前的哲学式心理学研究方法中脱离了出来，即不再依靠冥想来探索人的内心活动。他引进了当时自然科学的研究方法，采取了实验的方式研究心理学。他把人的意识分为感觉（包括视觉和听觉等）、感情（人的好恶等），以及浮现在脑中的意象（观念），并对这些内心的东西进行自我观察，从而对意识进行分析。这种研究方法被称为“内省法”，从探求意识的构成要素这个角度来说，又被称为“构造主义心理学”。冯特于1873～1874年陆续出版了《生理心理学纲要》，这部著作是心理学史上第一部系统和成体系的心理学专著。至此，心理学才彻底从哲学当中分离出来，成为一门独立的科学，冯特被公认为是第一位专业的心理学家，《生理心理学纲要》被认为是第一部心理学著作。后来冯特的构造主义心理学受到了批评，但是他的门下涌现了许多优秀的心理学学者。

（资料来源：金东兴，张福全，2005．高师应用心理学，北京：中国科学技术出版社）

第二章 民航服务意识

真正的服务，不是一两句口号，而是要深入到人的血脉中的一种意识，只有具备了这样一种意识，才能把服务质量提高到一个全新的境界。对于一个企业，服务意识必须作为对员工的基本素质要求加以重视。每一个员工也必须树立起自己的服务意识。如果说服务意识是飞机机身，那么服务技能和服务技巧则是飞机的机翼，服务技能和技巧只能在具有服务意识的基础上才能有效。

知识目标

- 掌握服务意识的内涵。
- 了解良好服务意识的要求。

能力目标

- 能在日常的工作、生活和学习中有意识地培养自己的服务意识。
- 能在细微服务中展现积极、主动的服务意识。

第一节 服务意识概述

一、意识的含义

哲学家认为，意识是物质世界发展到一定阶段的产物，是客观存在在人脑中的反映。而心理学家认为意识是指人以感觉、知觉、记忆和思维等心理活动为基础的系统整体对自己身心状态与外界环境变化过程的知觉和认识，也就是说，意识是人们对事物的一种认识。这种认识依赖于人的心理活动。人们对服务的认识，有些人认为服务是社会分工不同，本无贵贱之分；但也有人认为服务工作低人一等，是伺候人的工作。这都是对服务的不司意识。

意识是心理反映的最高层次，是人类所特有的心理现象，包含人的情感和意志等方面。也就是说，人们对某个事物的认识不同，则对它的情感也不一样，采取的态度和行为也会有很大差别。认为服务是低人一等的，必然对服务工作产生厌恶等情绪，从而产生回避、推诿等行为，而认为服务是自己本职工作、应尽之义务的，对服务工作就会积极主动、对客人热情相待。人的意识就是这样支配和调节着我们的行为。

二、服务意识的内涵

有一位服务专家曾说道："如果一个员工是为了怕被客户投诉，或者是害怕领导追查，再或者是为了获得更高的薪水和升职，甚至是为了保质、保量地完成工作任务，从而有优秀的工作业绩，以期得到老板的赏识，这些都不叫真正的服务，更谈不上良好的服务意识！"

一开始，很多人都不赞同这位专家的这一说法，都认为他说得太不合情理了。在实际工作中，我们认真努力地工作，难道不是为了遵守规章制度、接受领导考核和期望薪水提高吗？

专家解释说道："只有能够自觉服务的人，才是真正具有服务意识的人。"的确，当员工的服务不自觉时，他在工作中，将会很痛苦，因为他可能关心的将是领导看到我的服务了吗，客人会告诉领导我这样微笑了吗，领导会给我加工资吗等问题。如此一来，他的每一次服务，都蕴涵着许多有回报的期望，不但增加了工作的负担，而且在期望达不到的时候，将产生极大的失败感，进而将不良情绪带到工作中，又使客人不满意——如此恶性循环，最终只能导致工作越做越累、越做越烦。

由此可见，真正的服务意识应该是把为了遵守规章制度、领导考核和薪水提高 3 个目的排除过后，完全地发自内心地为客人自觉服务的心理活动，出于内心最朴素的愿望，才是真正的服务。如若不然，再多的培训、再深的理论和再好的激励都将无济于事。你能够解释有关服务的知识和原理，也能让人确信提供良好的服务是必需的，但这仍不足以对服务人员产生持久的影响，因为许多从事服务行业的人并不是真正用心去服务的。

服务意识是指企业全体员工在与一切企业利益相关的人或组织的交往中所体现的为其提供热情、周到、主动的服务的欲望和意识。即自觉主动做好服务工作的一种观念和愿望，它发自服务人员的内心。当我们拥有很好的服务意识的时候，我们就不会只从完成自己的工作出发，而是为客户着想，帮他解决问题，这才是最好的服务态度。

服务意识的内涵包括以下 3 点。

1）服务意识是发自服务人员内心的。

2）服务意识是服务人员的一种本能和习惯。

3）服务意识是可以通过培养、教育训练形成的。

所谓的服务意识，不仅仅局限于对顾客的服务中，在任何企业、组织、团队中，作为其中的一分子，从领导到基层员工，都应该具备这种意识。

三、良好服务意识的要求

良好的服务意识并非与生俱来，它是在工作和生活实践中通过不断学习和积累经验而形成的。要提高服务意识，就必须做“有心人”，也就是在服务过程中要用心观察、体验、感悟他人的需求，从而提供恰到好处的服务，使旅客满意。良好的服务意识有以下3方面的要求。

1．认真负责

认真负责就是急旅客之所急，想旅客之所想，认认真真地为旅客做好每一件事。对旅客提出的服务要求，均要有一个圆满的结果和答复，即使旅客提出的服务要求不属于自己的服务范围，也要积极与其他部门取得联系，切实帮助旅客解决疑难问题。如果一时解决不了，要给予及时的答复，求得旅客的谅解。优秀的乘务员应把解决旅客之所需当做工作中最重要的事。

2．积极主动

积极主动，就是要把握服务工作的规律和旅客的心理需求，自觉把服务工作做在旅客提出要求之前。旅客想到的，乘务员要想在前面，旅客没想到的，乘务员应替旅客想到，事事、处处为旅客着想，做到处处主动、事事想深、服务到位。

3．热情耐心、细致周到

热情耐心，就是要待旅客如亲人，一见如故，面带笑容。态度和蔼，语言亲切，不管服务工作多繁忙，压力多大，都要不急躁、不厌烦、镇定自如。对旅客的抱怨要耐心倾听，应以婉转的语气心平气和地加以解释，如果没必要解释的，可报以微笑，避而不言。细致周到，就是要善于观察和分析旅客的心理特点，懂得从旅客的神情、举止、言语中揣摩旅客的需求，正确把握服务的时机，服务于旅客开口之前，效果超乎旅客的期望之上，力求服务工作体贴入微，面面俱到，使旅客满意。

对于一个企业，特别是民航这样的服务行业中的企业，必须把服务意识作为对员工的基本素质要求加以重视。每一个员工也必须树立起自己的服务意识。服务意识有强烈与淡漠和主动与被动之分。这是认识程度问题，认识深刻就会有强烈的服务意识。有了强烈展现个人才华、体现人生价值的观念，就会有强烈的服务意识；有了以公司为家、热爱集体、无私奉献的风格和精神，就会有强烈的服务意识。

一个人的服务意识有多少，就会得到多少回报。如果一个员工一点服务意识都没有，或是一点也不肯付出，工作散漫，以自我为中心，甚至孤傲自大，任何一个企业都不会把这样一个“毫无服务意识”的员工留在企业里的。

练 习

1．简述意识的含义。

2．谈谈你对服务意识内涵的认识。

3．要具备良好的服务意识，必须要达到哪些要求？

项目训练

【目的】

澄清服务意识的误区，进一步明确服务意识的内涵。

【内容】

判断下列各观点的对错，并阐述理由。

1．服务员要急客人之所需，想客人之所求，认认真真地为客人办好每件事，无论事情大小，均要给客人一个圆满的结果或答复，但如果客人提出的服务要求不属于自己岗位的服务，则可以不予理睬。

2．每个服务员都是一个实实在在的、有血有肉有感情的人，都会遇到不顺心或伤心的事情，可能会在表情、动作、语言中表现出来。因此，在服务工作过程中，我们将喜怒哀乐“形之于色”是可以原谅的。

3．客人多时服务人员的工作量较大，这时服务人员就可以放松服务标准，因为这时是客人有求于服务人员。

4．人有私欲是正常的，因此服务员可以不择手段追求私欲。

5．我就是这样的火暴性格，与有无服务意识无关。

针对以上的观点，我的看法是＿＿＿＿＿＿＿＿＿＿＿＿＿＿＿＿＿＿＿＿＿＿＿＿＿＿＿＿＿＿

＿＿

＿＿

【考核】

每位学生畅所欲言，充分发表自己的观点和看法，允许学生相互补充完善，若有疑问可提出质疑询问，营造宽松、和谐的讨论氛围，不允许批评和嘲笑，最后教师根据同学的表现进行评审打分。

序　号	项　目	权 重/%	得　分
1	观点是否正确	10	
2	理由是否充分、有说服力	40	
3	表达是否清晰、准确	10	
4	参与讨论是否积极、主动	20	
5	学习态度是否谦逊，是否能够接受意见、建议	20	
合　计			

【反思】

自我评价、学生互评或教师评估。

存在问题	解决方法

第二节 民航服务意识的树立

一、民航服务意识的要求

从旅客的角度看，旅客花上比坐汽车、火车高许多的费用坐飞机出行的目的，不外乎有3个方面的主导需要：一是安全，二是快捷，三是舒适。可一旦我们的服务不能够让旅客实现这样的目的，旅客就会不满甚至投诉。所以，民航服务意识最基本的要求如下：①先做好服务工作，解决旅客的实际问题，而规定、报酬和责任应该放在服务之后来解决；②为旅客服务的目标是让旅客满意，企业的最终追求是企业的利润和发展；③信守服务承诺，用心服务并乐于为旅客服务，并给他们带来欢乐。

服务来自于自己的意愿，乐于为别人服务，并给他们带来欢乐。看到旅客开心的笑容，那就是服务的原动力。越爱自己的旅客，旅客回馈的爱也就越多。反之，越不喜欢自己的旅客，也就会得到许多不愉快的回应。因此“乐于为旅客提供服务，并给他们带来欢乐！”这应是服务人员内心本能的愿望。这一愿望应该是排除了单位的规章制度约束而被迫服务的服务行为，也不是为了物质利益的诱惑去做的服务行为，更不因为这是自己必须完成的任务而无奈的服务行为。乐于为别人服务，并给他们带来欢乐应该是服务人员生活中的一种习惯，能够赢得客人满意的服务才是通向完美服务的第一步。

二、民航服务意识的体现

1．准确的角色定位：服务人员永远不可能与旅客“平等”

为了提高服务水平，我们的员工应提高自己的角色认知能力。角色指的是某个人在某个场合中的身份。角色定位指的是一个人在工作过程中必须准确地把握自己在工作过程中需要扮演的角色。角色认知是指每个员工在服务这个大舞台上，都在充当一定的角色，员工是什么角色就做什么事，绝不能混乱。然后，根据社会对自己所扮演角色的常规要求、限制和看法，对自己的行为进行适当的自我约束。

经常听到空乘或地服人员抱怨："现在的旅客素质越来越差"，"服务这碗饭真不好吃"，"凭什么我要受旅客的气"。

这些抱怨的员工最根本的错误就在于没有明确自己的角色。总认为旅客和自己应该是平等的。实际上，在对旅客服务的时候，服务的提供者永远不可能与旅客"平等"，这样的不平等被服务大师定义为"合理的"不平等。因为旅客是付钱的消费者，而服务人员是收钱的服务者。旅客支付费用购买产品，而这产品包括两个方面的内容：一是实物产品——航空器上某一座位在某一时间的使用权；另一内容是无形的产品——服务，旅客购买服务的目的是要开心旅行。

在民航服务中，我们应该这样理解平等：第一，对所有旅客一视同仁、同等对待；第二，所有旅客购票、订座、乘机机会均等；第三，只要可能，应满足所有旅客的最基本的需要；第四，旅客支付费用，享受服务的满足，员工付出服务的努力，挣取自己的工资收入。

2．正确的服从理念：旅客永远是对的

"客人总是对的"这句话是由被誉为"酒店管理之父"的埃尔斯沃思·米尔顿·斯坦特勒（Ellsworth Milton Statler）首先提出来的，而后得到酒店业同行乃至旅游业和整个服务业的普遍认可。用它来指导服务工作，强调的是一种无条件地、全心全意为客人服务的思想。"旅客永远是对的"这句话并不是对客观存在的事实所做出的判断，它只是对服务人员应该如何去为旅客服务提出了一种要求，提出了一个口号。它是民航业对服务所理解的一种精神，意思是要把"对"让给旅客，即把"面子"留给旅客，但是不一定旅客事实上都是对的。

"旅客永远是对的"具体体现在以下 4 个方面。

1）要充分理解旅客的需求。对旅客提出超越民航服务范围，但又是正当的需求，这并不是旅客的过分，而是民航服务产品的不足，所以服务人员应该尽量作为特殊服务予以满足。如果确实难以满足，必须向旅客表示歉意，取得旅客的谅解。

2）要充分理解旅客的想法和心态。对旅客在民航外受气而迁怒于民航，或因身体、情绪等原因而大发雷霆等较过分的态度和要求，服务人员应该给予理解，并以更优的服务去感化旅客。

3）要充分理解旅客的误会。由于文化、知识、地位等差异，旅客对民航的规则或服务不甚理解而提出种种意见，或拒绝合作，服务人员必须向旅客做出真诚的解释，并力求给旅客以满意的答复。

4）要充分理解旅客的过错。由于种种原因，有些旅客有意刁难，或强词夺理，服务人员必须秉承"旅客总是对的"的原则，把理让给旅客，使旅客满意。

"旅客永远是对的"不仅仅体现了服从的服务意识，更是把"面子"留给了旅客，有了"面子"的旅客就会更好地回报民航服务——民航服务形象的提升。

3．提倡的服务行为：没有任何借口

任何借口都是推卸责任，在责任和借口之间，选择责任还是选择借口，体现了一个人

的工作态度和服务意识。在民航服务的某些方面已经形成了这样一种局面：每个人都努力寻找借口来掩盖自己的过失，推卸自己本应承担的责任。这样的局面让旅客对民航服务很不满，这也是许多矛盾冲突的根源。

在服务出现问题的时候，找出一些冠冕堂皇的借口，以换得旅客的理解和原谅。从而把自己的过失掩盖掉，心理上得到暂时的平衡。但长此以往，因为有各种各样的借口可找，民航服务就会疏于努力，不再想方设法去争取为旅客提供最好、最满意的服务，而是把大量时间和精力放在如何寻找一个合适的借口上。

“没有任何借口”是美国西点军校奉行的最重要的行为准则，是西点军校传授给每一位新生的第一个理念。它强化的是每一位学员想尽办法去完成任何一项任务，而不是为没有完成任务去寻找借口，哪怕看似合理的借口。其核心是敬业、责任、服从、诚实。

“没有任何借口”是无数商界精英秉承的理念和价值观。它体现的是一种完美的执行能力，一种服从、诚实的态度，一种负责、敬业的精神。

对服务工作而言，旅客满意就是好，不满意就是不好，没有任何借口可找。

正确的服务意识、强烈的服从观念，就是要求我们确实把服务当成心爱的事业，把旅客当成心爱的“人”，细心、精心、留心，为旅客提供体贴入微的，最后达到让旅客舒心的服务；投入真情、感恩戴德、亲情回报，以真诚赢得旅客忠诚，最后达到价值双赢的服务；用心、用脑，用艺术和智慧，最后达到传奇色彩的服务。

练　习

1．简述民航服务意识的要求。

2．简述民航服务意识的体现。

项目训练

【目的】

澄清民航服务工作中的一些错误认识，进一步树立积极、主动、热情的服务意识。

【内容】

这是一篇空姐发表在西祠胡同上的一篇帖子，请同学们认真阅读后，独立思考，从旅客的角度给空姐写一篇回帖，然后展开课堂大讨论，谈谈自己的观点和看法。

亲爱的旅客朋友，请您听我说

1）亲爱的旅客朋友，请求您能不能在开始登机的时候抓紧时间上飞机，不要让满客舱的旅客等，而且当您上机时一点歉意都没有。

2）亲爱的旅客朋友，航班延误了，我们知道您心里有气，请您心平气和听我们解释，如果您需要我们的帮助我们会尽最大的努力帮您解决问题，不要和我们说一些不成立的理由，让我们一语就能反驳的原因，然后您再极力地狡辩。

3）亲爱的旅客朋友，我们在向你问候，欢迎您的到来，这只是初次见面的简单沟通，哪怕是点头示意一下也好，不要让我们认为那些友好只是对待国外的朋友们。

4）亲爱的旅客朋友，请您不要一上飞机就大呼小叫地叫乘务员把您头上的行李架里的行李拿出来安放您的行李，飞机上的行李架是不对号的。

5）亲爱的旅客朋友，飞机上的许多乘务员同样是女孩子，你拿不动她也拿不动，而且飞机上的乘务员没有义务和责任给您放行李，只是协助您。

6）亲爱的旅客朋友，请您不要一上来就大喊渴死了，能不能麻烦您在候机厅的时候先解决一下，乘务员正在协助旅客找座位，没办法穿过人海回到服务间给您倒水。

7）亲爱的旅客朋友，请您不要一上飞机就随便坐，这样是肯定不允许的，否则就不必给您发放登机牌了。如果可以这样那也就不用麻烦您提前 90 分钟到机场了。

8）亲爱的旅客朋友，您要是忍不住在厕所抽烟了，请您协助飞机上乘务员的工作，告诉她您到底把烟头扔到哪里了，协助她们将火苗熄灭，防止火灾发生。知道吗？飞机是一个易燃的空间。

9）亲爱的旅客朋友，如果有什么原因让您不舒服了，请您告诉我们，不要用您的一根手指指着乘务员的鼻子，我们都是人，人与人无论在什么时候都是平等的。希望你能尊重我们，同时也在尊重您自己不是么？

10）亲爱的旅客朋友，如果您就是喜欢问问题，那请您问一些带技术含量的问题，不要一张嘴就问："小姐结婚没有啊？你们一个月的工资是多少啊？"如果我们礼貌地回答您，那就请您不要再抱有怀疑的态度，继续追问。既然不相信就别再对别人的隐私好奇。

11）亲爱的旅客朋友，如果您就是希望拍照留念，那请您提前告诉我们一声，我们如果在方便的情况下会满足您的要求，请您不要在我们不经意的情况下抓拍。这样是不会留下美好回忆的，而且连最起码的尊重都没有。

12）亲爱的旅客朋友，请您认真对待乘务员和您的每一次交流，当广播里传出颠簸的提醒时，就请您不要在连杯子都拿不稳的情况下，还大喊乘务员给您加一杯滚烫的咖啡，不是她不舍得，是她确实怕烫伤您。

13）亲爱的旅客朋友，请您不要因为没有喝到或是吃到您想要的东西就和我们说："你们航空公司最差了，什么都没有，你看看 ×× 航空公司。"何必呢？还不如跟我们建议一下更换一下饮品或是餐食的种类。

14）亲爱的旅客朋友，请不要在我们供餐的时候和我们说您已经好几顿饭没吃了，就等这顿呢。您说完不觉得可笑么？

回帖：

"亲爱的空哥空姐，请您听我说"

____

____

____

【考核】

学生先独立完成回帖，然后再进行课堂讨论，营造宽松、和谐的讨论氛围，不允许批评和嘲笑，畅所欲言，最后教师根据学生的表现进行评审打分。

序　号	项　目	权重/%	得　分
1	观点是否正确	10	
2	理由是否充分、有说服力	40	
3	表达是否清晰、准确	10	
4	参与讨论是否积极、主动	20	
5	学习态度是否谦逊，是否能够接受意见、建议	20	
合　计			

【反思】

自我评价、学生互评或教师评估。

存在问题	解决方法

第三节 在细微服务中培养民航服务意识

一、细微服务的内涵

细微服务，它是对传统的服务理念和服务意识的扩展和深化，也是一个新的服务理念。面对旅客日益多样化和个性化的需求，航空服务如果仅仅依靠标准化、规范化的服务，已经远远不能满足旅客的需求了。所以善于捕捉服务的细节，从服务的每一个细节入手，不断地完善服务，提高服务的针对性，是服务的制胜法宝。

细微服务中的“细”追求服务过程中的细致、精致；细微服务中的“微”寓意为服务活动中的每一个细小的元素。细微二字组合在一起，意为将细腻渗透到每一个与乘客接触的微小环节，以细致、精益的服务给乘客以无微不至的关怀。

二、细微服务的体现

1. 对乘客的尊重

细微服务体现了对乘客人格与隐私的尊重。例如，戴墨镜的盲人乘客不希望被人识别出自己是眼疾患者。对他的服务就不能像公交车上的售票员“请给老弱病残孕让个座”那样广而告之，而是用悄悄的行动给乘客以关怀。

细微服务体现了对乘客自尊心的保护与关怀，如某乘客尽管反复询问了机上免税物品的销售事宜，但因考虑到价格贵，最终以“不太喜欢”为托词，婉言谢售。出于对乘客自尊心的保护，乘务员不仅不能面露难色，而是应顺水推舟道：“没关系，你下次遇到喜欢的再买吧。”给所谓“不太喜欢”的乘客以台阶下。

2. 良好的观察能力与判断能力

细微服务体现在乘务员良好的观察力和判断力上。上要养成勤于观察、善于观察的工作习惯，通过巡视客舱，观察乘客的举止表情、生活习惯、隐性需求及客舱动态，察言观色做出准确的判断，服务于乘客还没有表述其需求之前。当然，服务前最好先征询一下乘客的意见。例如，当看到某乘客正打开画报欲阅读时，乘务员主动帮助打开阅读灯；当目睹某乘客打着呵欠昏昏欲睡时，乘务员及时帮助乘客关闭阅读灯、遮阳板、通风口，为乘客递上小枕头，轻轻盖上毛毯；在温暖的客舱里，当头等舱乘客脱大衣的那一刻，乘务员应马上想到该乘客可能有挂大衣的需求，应主动上前与乘客沟通及时满足乘客的实际需要。一个细腻的乘务员，可以从细小的环节与不同的角度去捕捉与制造令乘客愉悦的服务花絮。有过这样一个服务案例：在上海飞往美国的航班上，当为一位老者填写检查检疫单据时，细心的乘务员从其证件的出生日期上发现了当日竟是该乘客的生日，于是她悄悄地回到服务舱，没多一会儿，一份精美的蛋糕与香槟展现在老人的眼前，组员们共同簇拥着老人，向其送上美好的祝愿，伴随着“祝您生日快乐”的歌声，与乘客不约而同的掌声，将客舱亲切温馨的氛围推向了高潮。这个由乘务员精心策划的场景不仅给了老人一份惊喜与感动，更通过他们的细微服务与延伸服务，感染了周围的乘客。这就是注重细节给予乘客的细微关怀。由此可见，借助于敏锐的观察能力，能够使细微服务在服务品质的提升中起到很好的促进作用。

3. 高效的沟通能力

细微服务还体现了乘务员高效的沟通能力。沟通的目的一是营造和谐温馨的客舱氛围，二是了解与满足乘客需求。乘务员在与乘客的沟通中，应针对不同的乘客选择不同的开场白，并学会认真寻觅乘客所感兴趣的话题与事件进行交流。在交流中耐心倾听乘客的倾诉，用语言与形体语言表示自己对话题的赞同，与之互动、与之共鸣。由此，在一场随意的谈话中，会发现彼此之间是那么投缘，那么默契，于无形之中不仅缩短了彼此之间的情感距离，更让服务者明白了所服务对象究竟在想什么、做什么、需要什么。于是，及时满足乘客的需求就是顺理成章的事了。

4. 诚信的执行能力

细微服务体现了乘务员诚信的执行能力。因为优秀的服务是做出来的，而不是口头的表白与作秀，乘客对服务的评价是以服务的行为来判定满意与否。所谓一诺千金，即使对超出工作范围之外的延伸服务，只要是对乘客承诺过的事情，就一定要给乘客及时的反馈，并善始善终，将其做细做好，避免虎头蛇尾，否则将失去服务的诚信。

“于细微处见精神”，首先要于细微处见行动，因为精神是良好行为的缩影。凡事看不到，想不到，最初有可能是经验技巧问题，而凡事看到了，想到了，但是不去亲力亲为，这绝非是能力问题，而是态度问题。细节决定成败，态度决定一切。

5. 个性化的服务

细微服务还要突出服务的差异化，给旅客提供个性化的服务。例如，遇到儿童乘飞机，乘务员应主动送上儿童读物与玩具，但是当目睹某商务乘客正在忙于和同事交谈工作或已进入休息状态时，例行的服务哪怕再多再好，此时也要暂搁，以减少对乘客不必要的打扰。但这并不意味着对其可以不闻不问了，对于忙于公务的商务乘客，乘务员可择机征询其用餐的时间，根据客人要求的时间提供个性化的服务；对于已闭目休息的乘客，乘务员在其前排座椅背后，悄悄贴上提醒服务的温馨卡（普通舱），以便在该乘客醒后，及时呼唤乘务员提供服务。由此看来，细微服务是在合适的时间为合适的人做合适的事。

6．面对面与背对背服务

一般来说，常人总认为服务行为是发生在与乘客面对面的场景中，与乘客背对背怎么能称其为服务呢？其实不然，一旦乘务员穿上制服，所有的行为都显现在公众的视线之中。因此，从乘务员穿上制服的那一刻，服务序幕就已经拉开。服务不仅体现在与乘客的“面对面”中，还体现在与乘客的“背对背”中。一些总是被人认为不起眼的细节由于被忽视，常常导致先前优质的服务徒劳无功。例如，组员之间惯用方言谈话，背后偷偷议论某位乘客，在服务舱大声喧哗，厨房操作动作欠柔，弄得声音嘈杂或用品掉落，乘客经过服务舱上洗手间时，乘务员与其没有交流，形同路人等。这些不完全直面乘客的隐性行为尽管是小节，但具有很大的杀伤力，它有悖于细微服务的精神甚至威胁客舱安全，对个人形象及服务品质都有着举足轻重的影响。

7．团队的协作精神

细微服务还表现在组员之间的团队沟通协调能力。优秀的服务不是某一个个体的行为，它是团队合作的结晶。例如，在一国际航班上，乘务组遇到一位拄拐杖的外籍年轻乘客，区域乘务员主动询问了该乘客到达目的地后是否需要提供轮椅服务，对方答复无需此项服务，但在值班期间，由于乘务员与组员之间没有及时沟通，结果形成同项服务被多名乘务员反复询问，从表面看，似乎乘务员都想得很周到，甚至一般的乘客会为之感动，但是对一个自尊心极强的乘客来说，就似乎成了忽视他想被作为正常人看待的价值所在，他感受到的是些许尴尬。由此可见，一个服务团队保持信息发射与信息接收的统一性与准确性是何等重要。反之，由于团队缺失沟通协作，常常使好的动机达不到好的结果。另一个服务案例产生了完全不同的效果：一对情侣开开心心地上了飞机，但没想到他们的座位却是分开的，两人想继续先前的悄悄话，当中却隔着几位乘客，这种让情侣与邻座乘客都尴尬的场面造成了双方的不快（邻座乘客不愿调座），不满的情绪很快转移到区域乘务员身上，令她不知所措（航班满客），此时正逢同事路过，她灵机一动，猛然想起当天有乘务组摆渡飞行，便立刻同伙伴商量，他们欣然同意与两位情侣乘客调换了座位。同事灵活的应变能力与另外两名摆渡乘务员及时的补台既避免了乘客之间的冲突，又弥补了乘客对地面部门安排座位考虑不周的投诉，还为组员解了围，凸显了团队的协作精神。

三、细微服务的作用

1．重视细微服务，弘扬服务精神

对服务细节的漠不关心，意味着缺少服务精神，任何一个刚开始看起来并不重要的细节错失，都会让旅客怀疑或全盘否定我们的服务精神。服务型企业应该时时重视细微服务，注意服务精神的弘扬。

2．关注细微服务，是追求完美的要求

人们对生活质量的要求越来越高，对产品和服务质量的要求也越来越高。这种高要求，落实到实践中就是对细节的完善追求。

3．现代竞争的焦点，是细微服务的竞争

面对加入世界贸易组织（World Trade Organization, WTO）带来的全球性的竞争，粗放式管理与经营再也不能继续进行下去了。精细化时代的到来，迫使企业将竞争的焦点更多地从战略转向细微服务。

4．细微服务的完备程度，反映着服务人性化的程度

企业要想成功，一定要不遗余力地重视服务细节的改进、改进、再改进。而服务组节改进的方向，就是满足人们对生活精致化的要求，一句话，就是人性化的要求。

四、在细微服务中培养民航服务意识的具体要求

一个人的服务意识是经过训练才逐渐形成的。作为一种意识，细微服务并不拘于固有的模式和内容，它是一种既有深度又有广度且富有弹性的服务，必须内化在员工的人生观里，成为一种自觉的思想体系。服务是否细微取决于乘务人员的敬业精神与工作态度；取决于乘务人员的服务意识与观念；取决于乘务人员对服务工作的感性与悟性，包括经验的积累。

细微服务蕴藏着深厚的人文精神和人性化服务的理念。细微服务强调以客为尊，倾心服务，强调以人为本，凡事站在乘客的立场上换位思考，本着对乘客的至诚关怀与友善态度，通过细心揣摩乘客心理，体察并预测乘客的潜在需求，而满足乘客的实际需要。组微服务以超前、超预期的服务突出服务的前瞻性与服务的个性化。

练　习

1．简述细微服务的内涵。

2．在民航服务中，细微服务体现在哪些方面?

3．如何在细微服务中培养你的服务意识?

课外阅读

推荐理由：

2004 年 1 月，汪中求先生总结多年管理、咨询工作的实践经验，并借鉴国外企业管理的经验出版了《细节决定成败》一书，提出“精细化管理时代——细节决定成败”的理念，开启了中国精细化管理的新时代，并创造了管理类畅销书的奇迹。

下面将书中的一些名言摘录如下，共同分享。

1）细节源于态度，细节体现素质。

2）细节的实质是认真的态度和科学的精神。

3）细节承载着社会的文明。

4）一个不经意的细节，往往能够反映出一个人深层次的修养。

5）做事不贪大，做人不计小。

6）个人素质一小步，民族素质一大步。

7）人的意志力是由责任感决定的。

8）把小事做细，把细事做透。

9）简单的招式练到极致就是“绝招”。

10）细节是能够体现事物内在联系和实质的微小事物和情节。

11）1 % 的错误会带来 100 % 的失败，即 100-1=0。

12）标准是你应接受的工作最低水平。

13）合理的要求是锻炼，不合理的要求是磨炼。

14）认真做事只是把事情做对，用心做事才能把事情做好。

15）考虑到细节、注重细节的人，不仅认真对待工作，将小事做细，而且注重在做事的细节中找到机会，从而使自己走向成功之路。

16）世界上最难遵循的规则是度，度源于素养，而素养则来源于日常生活一点一滴的细节的积累，这种积累是一种功夫。

17）一心渴望伟大、追求伟大，伟大却无踪影；甘于平淡，认真做好每个细节，伟大却不期而至。

18）注意细节其实是一种功夫，这种功夫是靠日积夜累培养出来的。谈到日积夜累，就不能不涉及习惯，因为人的行为的95%都是受习惯影响的，在习惯中培养功夫，培养素质。

19）什么是不简单？把每一件简单的事情做好就是不简单；什么是不平凡？把每一件平凡的事情做好就是不平凡。

20）细节成为产品或服务质量的最有力的表现形式。

第三章　培养民航服务人员良好心理品质

随着社会发展及航空市场的激烈竞争，对民航服务人员的要求也越来越高，旅客不仅需要舒适整洁的客舱环境，更需要优质、热情、满意的服务，培养、提升服务人员控制情绪、缓解压力、面对挫折的能力，拥有积极、良好的心理，才能够满足不同旅客的需求，提高服务品质。

知识目标

- 了解民航服务人员常见的情绪问题。
- 了解民航服务人员常见的压力源。
- 了解民航服务人员的挫折反应。

能力目标

- 能灵活运用情绪管理策略调节情绪。
- 能灵活运用压力应对方式缓解压力。
- 学会在学习、工作、生活中增强耐挫力。

第一节　民航服务人员的情绪管理

一、情绪与健康

1. 情绪的含义

《心理学大辞典》中认为：“情绪是有机体反映客观事物与主体需要之间的关系的态度体验。”

人生存于自然界，生活于社会之中，周围的事物及他人和自己的行为，常常引起人不同的情绪，一些现象让人愉快，一些现象让人悲哀，一些现象让人愤怒，而另一些现象让人恐惧……这些愉快、悲哀、愤怒和恐惧都是常见的情绪体验。情绪产生的根源在于客观现实本身，反映客观事物与人的需要之间的关系。一般来说，对于那种能满足人的某种需要的对象，如“洞房花烛夜，金榜题名时，久旱逢甘霖，他乡遇故知”，人们会产生积极肯定的情绪体验，如愉快、喜悦等；反之，对于那种不能满足人的需要的对象，如已经遭受洪涝灾害的地区仍然降雨不止，造成更大的损失，人们会产生消极否定的情绪体验，如痛苦、愤怒等。

美国心理学家 C.E. 伊扎德（C. E. Izard）认为，情绪包括生理层面上的生理唤醒、认知层面上的主观体验、表达层面上的外部行为。当情绪产生时，这 3 种层面共同活动，构成一个完整的情绪体验过程。

（1）生理唤醒

人在产生情绪反应时，常常会伴随着一定的生理唤醒。例如，激动时血压升高，愤怒时浑身发抖，紧张时心跳加快，害羞时满脸通红……

（2）主观体验

情绪的主观体验是人的一种自我觉察。人们对自己、对他人、对不同事物的态度会产生不同的感受。例如，对朋友遭遇的同情、对敌人凶暴的仇恨、事业成功的欢乐、考试失败的悲伤等。这些主观体验只有个人内心才能真正感受到或意识到。例如，我知道“我很高兴”，我意识到“我很痛苦”，我感受到“我很内疚”等。

（3）外部行为

在情绪产生时，人们还会出现一些外部反应过程，这一过程也是情绪的表达过程。例如，人悲伤时会痛哭流涕，激动时会手舞足蹈，高兴时会开怀大笑等。这些相应的身体姿态和面部表情，就是情绪的外部行为，它经常成为人们判断和推测情绪的外部指标。由于人类心理的复杂性，有时人们的外部行为会出现与主观体验不一致的现象。例如，在一大群人面前演讲时，明明心里非常紧张，还要做出镇定自若的样子。

2. 健康情绪的标准

（1）诱因明确

情绪反应是由一定的原因引起的。例如，高兴是因为有喜事，悲哀是遇到不愉快或不幸事件，愤怒是挫折引起的等。无缘无故的喜、怒、哀、恐等都是不健康的情绪。

（2）反应适度

所谓反应适度，就是情绪反应的性质和强度应与引起这种情绪的原因和情境相符合。如果一个人得到令人伤心的消息却兴高采烈，或者刺激强弱与反应强弱不成正比，弱刺激反应强，强刺激却反应弱，则是情绪不健康的表现。

（3）稳定而又灵活

情绪的作用时间会随着客观情况的变化而改变。通常当引起某种情绪的因素消失后，情绪反应也应逐渐淡化直至消失，这是健康的情绪。但是，如果情绪发生后，顿时减弱，变化莫测，这是一个人的情绪变化极不稳定，喜怒无常。同样，如果情绪发生后，减弱过缓，甚至情绪“固着”，则是情绪变化不灵活。这两种情况都是情绪不健康的表现。

(4) 情绪的自制性

健康的情绪是可以受自我调节和控制的，人们可以通过各种方式有效地管理情绪。

(5) 积极情绪多于消极情绪

情绪健康并不否认消极情绪存在的合理性，但应该是积极情绪多于消极情绪，而且所出现的消极情绪时间较短、程度较轻，不涉及与产生消极情绪无关的人和事。情绪健康的人一般表现为乐观开朗、充满热情、富有朝气、自得其乐，对自己、生活充满信心和希望。

3. 情绪对健康的影响

健康长寿是人们共同的愿望，健康又是保证航空服务质量的物质前提条件。那么，一个人的情绪是如何影响健康的呢?

例如，一位粗心的医生，将两个病人的诊断报告弄反了。原本那个没有癌症倾向的病人因为错误的诊断报告，而极度痛苦、焦虑，身体出现很多病症。而那个本有癌症倾向的病人，由于看到自己没有癌症倾向的诊断，心情变得愉悦，病情渐渐好转。

研究发现，那些意志消沉、焦虑不安、容易发怒的人，衰老成疾的年龄比正常人的年龄小。而情绪稳定、开朗豁达的人比喜怒无常、抑郁寡欢的人得癌症的比例少得多。

我国医学理论一向重视“七情”(喜、怒、忧、思、悲、恐、惊）对人体的影响。“怒伤肝，喜伤心，思伤脾，忧悲伤肺，恐伤肾”，认为“七情过甚”就会干扰自身的生理功能，导致身体机能发生故障或患病。

当人的情绪处于良好状态时，能使身体神经系统、内脏功能器官、内分泌系统功能得到改善和促进，促进人的健康。反之，身体就会出现紊乱。据有关专家研究，“良好的情绪”犹如一把“利剑”，对癌细胞有强大的杀伤力。

值得注意的是，一般来说情绪分为积极情绪和消极情绪两大类。而良好的情绪有利健康，不良的情绪不利健康，其衡量标准不完全是情绪的积极与消极。

一般而言，消极的情绪体验都属不良情绪的范畴，但如果消极情绪是一时的、短暂的，其对人的身心及工作不会造成大的损害，若消极情绪长期存在，其危害性则是不容忽视的。而积极的情绪体验则未必都属良好情绪的范畴，当一个人的积极情绪超出一定限度时，如狂喜、过分激动等，这种积极情绪也会变成不良情绪，导致身心受损。“乐极生悲”并不是耸人听闻，有一位哲学家去世时，他的侄女因为在他临终的床头找到了六万法郎，就快活地死掉了。因此，所谓不良情绪，是指两种情形：一是过于强烈的情绪，二是持久性的消极情绪。这两种情形对于人的健康都是有害的。

二、民航服务人员常见的情绪问题

民航服务工作的性质决定了其成为职业压力极大的行业，民航服务人员以消极情绪为主的问题十分突出。下面，我们介绍几种民航服务人员常见的情绪问题。

1．焦虑

焦虑是人们预感到不利情境的出现而产生的一种担忧、紧张、不安、恐惧、不愉快等的综合情绪体验。焦虑可以在人遭受挫折时出现，也可能没有明显的诱因而发生，即在缺乏充分客观根据的情况下出现某些情绪紊乱，它伴有明显的生理变化，表现为心悸、血压升高、呼吸加深加快、肌张力降低、皮肤苍白、失眠、尿频、腹泻等。严重而持续的焦虑反应还有注意力涣散、记忆力减退等表现。

适度的焦虑可以提高人的警觉水平，引起人的紧迫感，促使人采取合适的方式及行为对付应激，以实现预期目的，有益于适应环境。例如，考核前适度的焦虑可促使我们对考核重视，激励我们做好一切必要的准备。但过度、持久的焦虑则会损伤人的正常心理活动，导致心理疾病的产生，从而影响人们正常的生活和工作。

由于航空旅客身份的复杂性、民航安全要求的特殊性、民航运输的快捷性与不可控性的矛盾等，作为与旅客直接接触的民航服务人员，不仅要做好细致的旅客服务工作，每天还要面对形形色色的人，处在误机等各类突发事件和纠纷事件的风口浪尖，心理压力巨大，极易引发焦虑情绪。例如，有的乘务员因制止旅客在飞机上拨打电话而被打了耳光；有的安检人员因制止旅客擅闯安检通道而被拳打脚踢；有的工作人员因航班延误遭到旅客围攻；还有的工作人员受到旅客刁难，甚至是人身攻击。

2．冷漠

如果一个人久陷焦虑情绪，内心便常常会被不安、恐惧、烦恼等体验所累；或曾经受人欺骗；或因种种原因受人漠视、轻视甚至歧视……行为上就会出现冷漠的情况。

冷漠是指对他人冷淡漠然的消极心态，主要表现为对人怀有戒心甚至抱有敌对情绪，既不与他人交流思想感情，又对他人的不幸冷眼旁观、无动于衷，没有应有的热情和同情心。所以，如果民航服务人员的心理压力和焦虑情绪长期得不到及时而有效的疏导和调试，冷漠就会成为他们的保护色，与旅客的真实距离越来越远，而表面上的冷漠掩盖着的却是他们深层次的痛苦、无助和强烈的压抑感。

3．抑郁

一个人遭遇了引起忧伤或悲痛的情境事件后，如能恰当分析其所遭遇的现实和自身处境，虽然体验到抑郁，但有足够的自信与自尊，无行为异常，即属于正常的情绪反应。但是，如果抑郁状态导致对情境不能做出如实的判断，并产生偏离社会常规的行为，或行为适应不良，如由于过度的压力感而情绪低落与绝望，失去兴趣，不能胜任正常工作，甚至产生自杀企图，就属于异常的范畴了。

抑郁症发病率很高，是一种情感性疾病，患者表现为自卑、思维活动迟缓、厌世甚至自杀，并且，由于患者思维逻辑基本正常，实施自杀的成功率也比较高，对患者及其家属造成的痛苦和对社会造成的损失非常大。但是，由于民众缺乏有关抑郁症的知识，以为患者的自卑、唉声叹气、生活缺乏朝气和意志消沉都是在闹情绪，不能给予应有的理解和情感支持，甚至横加指责，对患者造成更大的心理压力，使病情进一步恶化。

相关链接

抑郁症的初步断定方法

抑郁症不是普遍意义上的心情不好，一个人情绪低落，但过两天就好了，这就不是抑郁症。抑郁症有9个主要症状，以心境低落为主，至少存在4项以上这些症状，而且持续了两周还不能缓解，影响到了平时的正常生活，就需要考虑是否患上了抑郁症，并及时就诊咨询。

1）兴趣丧失，没有愉快感。

2）精力减退，常有无缘无故的疲乏感。

3）反应变慢，或者情绪容易激动、亢奋，也容易被激怒。

4）自我评价过低，时常自责或有内疚感。

5）联想困难或自觉思考能力下降。

6）反复出现想死的念头或有自杀、自伤行为。

7）睡眠障碍，如失眠、早醒或睡眠过多。

8）食欲降低或体重明显减轻。

9）性欲减退。

一些查不出生理原因的躯体症状，如头痛、头晕、腹胀、心悸、身体疼痛等也应该考虑是否有抑郁症的可能，以免延误治疗。

4. 愤怒

愤怒是当客观事物与人的主观愿望相违背时产生的一种情绪反应。愤怒发生时，可能导致人体心跳加快、心率失常、高血压等身体反应，同时使人的认识范围缩小，理智分析的能力受到抑制，自制力减弱甚至丧失，行为冲动，常常可能会干出让人后悔的事情或造成不可挽回的损失。例如，人们在愤怒情绪支配下，往往不顾及他人尊严，不给别人面子，常常严重地损害他人的情感与自尊，造成人际关系间难以弥补的鸿沟。

虽然各年龄、各阶层、各种族的人都会有愤怒情绪，但是在血气方刚的青年人身上更为常见。民航服务人员要注意的是，心理生理学研究表明：愤怒情绪越强烈，对于我们自己的伤害越大。要学会用另外一些更理智、更为人们所能接受的方式来表达我们的不满态度和抵抗意向。

5. 恐惧

从心理学的角度来讲，恐惧是有机体企图摆脱、逃避某种情境而又无能为力的一种强烈而紧张的情绪体验。

民航服务人员往往会在因出现异常情况而危及飞行安全或旅客围攻等情况下产生恐惧情绪。“遇到航班延误，只要有旅客激动责骂——‘航空公司骗人’、‘我们要航空公司高层出来道歉、赔偿’，我们的噩梦就开始了。”一乘务员无奈地说。

当人面对特定事物、特殊环境时会产生不同程度的恐惧情绪，这是人正常的心理反应。但当相应的情境过后恐惧心理难以消除，或对并不可怕的事物产生过分的恐惧心理，或自知恐惧不必要、不正常，却难以自控，感到不安、痛苦、害怕，即是恐惧情绪障碍。

三、情绪管理策略

每个人在不同的情境中会产生不同的情绪，开心、高兴、兴奋、激动、喜悦、惊喜、惊讶、生气、紧张、焦虑、怨恨、愤怒、忧郁、伤心、难过、恐惧、害怕、害羞、羞耻、惭愧、后悔、内疚、迷恋、平静、急躁、厌烦、痛苦、悲观、沮丧、懒散、悠闲、得意、自在、快乐、安宁、自卑、自满、不平、不满等，这些情绪有的给人带来鼓励，有的给人带来力量；有的给人带来认识，有的给人带来进步；有的助人成才，有的助人成功，有的助人成长，有的助人成熟；有的使人懂得珍惜，有的使人懂得爱护，有的使人懂得勤奋，有的使人懂得拼搏；有的让人勇敢，有的让人沉默，有的让人激情，有的让人理智。

情绪是靠自己管理和掌握的，任何一个人和一件事、一句话和一件物等都能激起我们的情绪。很多情绪来自于身外，可心情是自己的，我们可以通过自己的管理来调整不利和不好的状态，走出情绪的困扰。

情绪管理是指通过研究个体和群体对自身情绪和他人情绪的认识、协调、引导、互动和控制，充分挖掘和培植个体和群体的情绪智商，培养驾驭情绪的能力，从而确保个体和群体保持良好的情绪状态，并由此产生良好的管理效果。

1. 情绪管理的重要性

在生命中，情绪总是伴随我们的左右。若能恰当地处理，就可以为我们的生命添加色彩，成为生活中的享受。反之情绪可能会成为我们的负担，侵蚀我们的生命。

情绪所带来的各种反应会直接影响我们的工作和生活。一般来说，良好的情绪对活动起协调、组织的作用；而不良的情绪对活动起破坏、阻断的作用。当人处在良好的情绪状态下，会倾向于注意事物美好的一面，对人态度和善，乐于助人，并勇于承担重任；而当人处在不良的情绪状态下，会减弱人的体力与精力，工作中容易感到疲劳，兴趣低下、思维迟钝、判断能力和自控能力下降，遇到事情容易冲动、不理智，更易产生攻击性行为。

(1) 情绪对民航服务人员人际交往的影响

良好的情绪使人保持乐观的人生态度、开朗的性格、热情自信的品质，从而使人正确认识、对待各种现实问题，从容地面对和化解人际交往中的各种矛盾，创造出良好的人际关系。而当民航服务人员被不良情绪困扰时，与人交往往往采取一种消极的态度，或被动封闭，或忌妒多疑……往往还会导致行为上的失控，由此导致严重的人际冲突和纠纷，从而影响工作人员之间及工作人员与旅客之间良好人际关系的建立。

（2）情绪对民航服务人员服务质量的影响

民航服务人员的良好情绪，不仅让自己处于一种良好的工作状态，而且还会感染旅客，因拥有良好情绪所流露出来的真实而真诚的笑容，可以在不经意间化解旅客身体上和精神上的紧张和不安，拉近彼此之间的心理距离，建立起和谐信赖的服务关系。在处理与旅客的纠纷时，如规劝旅客的错误，拒绝旅客的不合理要求等，服务人员的良好情绪所释放出来的热情和真诚，可以有效化解旅客由此产生的不愉快情绪，从而赢得旅客的配合和理解。

而如果不良情绪困扰着民航服务人员，其将很难与同事和旅客建立起良好的人际关系，而这些良好关系的建立和维持，是保障民航服务质量的重要因素，甚至是首要因素。设想一个民航服务人员不能和同事有效沟通，工作效率必然降低；当旅客面对着怒气冲冲的民航服务人员时，旅客也会感到不被欢迎、不被尊重。因此，不良情绪如果得不到有效管理，将会直接影响到民航服务的质量。

2. 情绪管理的具体策略

（1）体察自己的情绪

能体察自己的情绪，了解自己的情绪，是情绪管理的第一步。

我们要时时注意提醒自己体察自己的情绪是什么，例如，当你因为朋友约会迟到而对他冷言冷语的时候，问问自己：我为什么会这样？如果能够及早觉察出是因为朋友的迟到感到生气，就可以对自己生气的情绪做更好的处理。又如，当和某个人讨论事情时，你发现自己的心跳加速，问问自己：我为什么会这样？是不是自己快被对方激怒了？生理反应相对内心体验往往是快速而明显的，若能及早觉察，便可对自己愤怒的情绪做更好的处理。

（2）接纳自己的情绪

很多时候，人的痛苦并不是来源于情绪本身，而是来源于对情绪的抵触。当我们能够了解和接纳自己的情绪时，情绪的困扰便差不多已经解决了大半。

我们要明确，情绪只是被划分为积极情绪和消极情绪，其本身没有好坏之分，过甚的积极情绪是有害的，而适当的消极情绪是正常有益的，我们要学会接纳各种情绪的存在。

我们知道，健康的情绪并不意味着要时时刻刻使自己快乐，不能有消极情绪。而是指情绪反应与所遇到的事件要有一致性。如果失恋了，伤心是正常的；如果遇到抢劫，恐惧是正常的；如果亲人离世了，悲伤是正常的；如果被误会了，愤怒是正常的……

实际上，我们通过快乐表示情况良好；通过痛苦表示急需改善的不良环境；通过恐惧把身体各部分积极地动员起来，回避危险；通过悲伤和忧郁表示无奈和无助；通过愤怒表示不满……总之，因为情绪总是与客观事物是否满足了自己的需要相联系，所以各种情绪的发生，时刻都在提醒我们去了解自身或他人的处境和需要，以求得良好适应。当情绪出现时我们可以问自己：是什么事情让我这样？自己在意的往往就是所需要的。只有经历了一个逐渐反省情绪的过程，我们才能不断成长，才能经得起情绪的冲击，才能不被情绪所左右。

（3）适当表达自己的情绪

虽然情绪无好坏之分，但由情绪引发的行为及后果则有好坏之分。因此，健康的情绪管理不是要去除或压制情绪，而是要学会以适当的方式在适当的情境下表达适当的情绪。

再以朋友约会迟到的例子来看，你之所以生气可能是因为他让你担心，在这种情况下，你可以告诉他："你过了约定的时间还没到，我好担心你在路上发生意外。""每次约会都迟到，我每次都等着觉得有些郁闷。"表达的是自己的情绪，主语是"我"。让他了解他的迟到会带给你什么感受，进而调整自己的行为。

什么是不适当的表达呢？例如，你指责他："每次约会都迟到，你为什么都不考虑我的感觉？""你真是太不像话了，要我说多少次你才能不迟到呢。"当你指责和批评对方时，主语是"你"，会引起他负面的情绪，他会变成一只刺猬，忙着防御外来的攻击，没有办法站在你的立场为你着想，他的反应可能是："路上塞车嘛！有什么办法，你以为我不想准时吗？"如此一来，两人开始吵架，沟通无从谈起，更别提愉快地约会了。

当我们的情绪受到刺激时，我们要学会用正确的言辞来表达自己的感受，避免以不适当的语言和行为表达情绪。当然，如何恰当地表达自己的情绪，是一门艺术，不是发泄，需要我们在工作和生活中用心地体会、学习。

（4）调控不良的情绪

民航服务人员的良好情绪是做好民航服务工作的前提和保证。在日常的工作、生活中，民航服务人员要注重调节、控制自身的情绪，愉快地、充满热情地投入到工作中去。

心理学家认为，工作中的情绪状态可以用不同的颜色表示：红色表示非常兴奋、橙色表示快乐、黄色表示明快和愉快、绿色表示安静和沉着、蓝色表示忧郁和悲伤、紫色表示焦虑和不满、黑色表示沮丧和颓废等，因此，民航服务人员在接待旅客时的情绪状态，应该以明快和愉快的"黄色"为基调，给旅客一种热情、真诚、欢迎和精神饱满的亲切感觉。根据旅客的不同需要和不同情况，向上可以浮动到"橙色"，向下可以浮动到"绿色"。但不能是红色，过于兴奋，容易让人忘乎所以。而蓝色、紫色、黑色显然也不行。

旅游、狂吃东西、扔东西、抽烟、剪头发、唱K、做志愿者……这些方法经常被人们用来调整自己的情绪和心态。值得注意的是，在方法的选择上，要以不损人害己为前提，适合自己为首选，悦人悦己为上选，经济方便为原则。

下面，我们具体介绍几种调控不良情绪的方法。

（1）宣泄法

《现代汉语词典（第6版）》对"宣泄"一词的解释是"舒散；吐露（心中的积郁）"。善于心理自救者总是选择合理的方式来宣泄心中的苦痛，如对自己的至亲好友诉说心中的委屈和痛苦；或者自己跟自己倾吐，诉诸文字，让心中的苦水顺笔端流泻出来；或者在适当场合，大哭一场、大叫一番。这是智者和强者所为，因为这是陷入心理困境的即时性的最佳自救策略。据说美国某任总统就在办公室内放了一个装满细沙的沙箱，必要时用来宣泄心中的怒气。

俗话说，男儿有泪不轻弹，有的人也是一味地克制自己，实际上大可不必，在自制的前提下，也应该让自己的情绪有一个表露的机会，喜怒哀乐是人们生活中不可回避的内容，当你感到特别压抑的时候，适当的宣泄可以使自己尽快地恢复常态。有人把人的眼泪收集起来，注入老鼠的身体，老鼠可以被眼泪里的毒素毒死。可见，发泄和敞开心扉有益身心健康。

宣泄的方法因人而异，倾诉可以诉说内心的痛苦，一“吐”为快，还可以获得较多的劝解、安慰和同情；大喊大叫可以直接发泄出心中的不满情绪；运动是转移情绪的好方法，在大汗淋漓之后获得情绪的释放；洗澡投入水的温柔怀抱中，你会感到自由自在，忘却烦恼；朗读可以稳定情绪、调节精神、陶冶情操等。

（2）转移法

转移法，是指个体为达到减轻、消除不良心境所采取的一种转移行为，其目的是通过转移注意力，达到心态平衡。

人的忧虑、悲伤、愤怒等负性情绪可以在大脑里产生兴奋中心，按照巴甫洛夫外抑制的原理，可以通过外力使原来的兴奋中心得以抑制和转移。不愉快的心态形成以后，可以引导当事者，或者当事者本人把注意力转向他（她）所愿做的事情上，即可“在于彼而忘于此”，使个体的不良心境较快地从烦恼、不快中解脱出来。

（3）升华法

升华，其原意是把不能接受的本能冲动，下意识地转化为可以接受的行为。现今升华的概念有所扩大，凡是一些不符合社会道德规范或法律的本能冲动、意愿和欲望，以符合社会要求的建设性方式表达出来的心理自卫方式，都是升华。例如，有的青年男女恋爱遭到挫折，或性欲念和性冲动与社会规范相冲突时，则要把兴趣转向学业、事业，或用文学艺术抒发情感，或以音乐陶冶情操，使思想感情得到升华。

升华能使自己的行为被社会接受，甚至对社会有利，也能使自己本来的情感得以宣泄，清除了心理压抑和焦虑，达到积极的心理平衡，因此是一种十分合理的心理防卫方法。我们主张在日常生活中尽可能地用升华法来缓解心理矛盾和冲突。

人们常说的“化悲痛为力量”这句话就包含着升华的含义。如果因亲人死亡而引起的悲痛心情和对亲人的怀念长时期延续不能消解，对身心健康危害很大，把它升华成工作、学习上的动力，化为继承死者遗愿的行动，就起到积极的作用。古之周文王、屈原、孙膑、韩非、司马迁等，之所以为万世传颂，就在于他们在灾难性的心理困境中以升华拯救了自己，塑造了强者的形象。在人遇到挫折时，一味憋气愁闷，或颓唐绝望，都无济于事，正确的态度应该是化挫折失败为动力，从心理困境中奋起，做生活的强者。

（4）重构认知

美国心理学家阿尔伯特·艾利斯（Albert Ellis）认为人的情绪来自人对所遭遇的事情的信念、评价、解释或哲学观点，而非来自事情本身。情绪和行为受制于认知。A 代表诱发事件

(activating events)；B 代表信念（beliefs），是指人对 A 的信念、认知、评价或看法；C 代表结果，即症状（consequences）。艾利斯认为并非诱发事件 A 直接引起症状 C，A 与 C 之间还有中介因素在起作用，这个中介因素是人对 A 的信念、认知、评价或看法，即是信念 B。简单地表示：A（事件）→ B（个人认知）→ C（情绪反应结果）。艾利斯认为人极少能够纯粹客观地认知经验 A，而总是带着或根据大量的已有信念、期待、价值观、意愿、欲求的。因此，对 A 的经验总是主观的。换言之，事件本身的刺激情境并非引起情绪反应的直接原因。个人对刺激情境的认知、解释和评价才是引起情绪反应的直接原因。

例如，如果一个人在失恋后感到抑郁，那么可能并不是失恋本身引起了抑郁反应，而是这个人对于失败、被抛弃或失去了一个伴侣的想法引起了这一反应。引起抑郁（C）的主要原因是对于抛弃和失败的想法（B）而不是失恋这一客观事件（A）。当不断对自己重复自我挫败语句时，如“这次失恋全是我的错”，“我是一个可怜的人，我所做的一切都是错的”，“我是一个不会讨别人喜欢的人”等，抑郁与焦虑情绪就不断地产生并被维持。因此人们应该在很大程度上为自己的情绪反应和障碍负责。

简单地理解重构认知，就是换个角度看问题。曾经有一位美国总统，他家被盗了，所有的人都认为他应该很难过、很气愤，而他却说：“我很庆幸，原因有二。一是小偷只是偷走了我的钱，而没有伤害我的家人；二是做小偷的是他，而不是我。”

所以，一个人的烦恼，不是源于他的遭遇，而是源于其对世界的看法。一个人开不开心，不是因为他的运气总是比别人差，遇到的事情总是比别人倒霉，而更重要的是他怎么看待自己遇到的事情。

当然，改变认知可能不是在一朝一夕可以做得到的事情，是要贯穿在自己的日常生活中。通过不断反省，不断改变自己看问题的角度、方法，使自己日渐客观、随和。

相关链接

艾利斯的 11 种不合理信念

艾利斯根据自己的临床观察提出了 11 种不合理信念。

1）在自己的生活环境中，每个人都绝对需要得到其他重要人物的喜爱与赞扬。

2）一个人必须能力十足，在各方面至少在某方面有才能、有成就，这样才是有价值的。

3）有些人是坏的、卑劣的、邪恶的，他们应该受到严厉的谴责与惩罚。

4）事情不如意是糟糕可怕的灾难。

5）人的不快乐是外在因素引起的，人不能控制自己的痛苦与困惑。

6）对可能（或不一定）发生的危险与可怕的事情，应该牢牢记在心头，随时顾虑到它会发生。

7）对于困难与责任，逃避比面对要容易得多。

8）一个人应该依赖他人，而且依赖一个比自己更强的人。

9）一个人过去的经历是影响他目前行为的决定因素，而且这种影响是永远不可改变的。

10）一个人应该关心别人的困难与情绪困扰，并为此感到不安与难过。

11）碰到的每个问题都应该有一个正确而完美的解决办法，如果找不到这种完美的解决办法，那是莫大的不幸，真是糟糕透顶。

以上是艾利斯在1962年总结出来的自认为具有普遍意义的、通常会导致各种各样神经症状的11种主要的不合理信念。20世纪70年代以后，他进一步把这些主要的不合理信念归并为三大类，即人们对自己、对他人、对自己周围环境及事物的绝对化要求和信念。

（5）寻求支持

社会支持系统是20世纪70年代被提出来的心理学专业词汇，指的是个人在自己的社会关系网络中所能获得的，来自他人的物质和精神上的帮助和支援。一个完备的支持系统包括亲人、朋友、同学、同事、邻里、老师、上下级、合作伙伴等，还包括由陌生人组成的各种社会服务机构。

大量心理学研究表明，社会孤独者身心疾病和自杀的发生率比高社会支持者要高得多。由此可见，社会支持系统对缓解心理压力、维护身心健康的重要意义和巨大作用。良好的社会支持有利于健康，而劣性社会关系的存在则损害身心健康。

当一个人遇到危机的时候，他的社会支持系统越强大，越有助于降低心理紧张，度过危机。

相关链接

测测你的社会支持系统

1）学校的老师和领导，你最喜欢谁？

2）为商讨一新观念，你找谁？

3）郊游消遣，谁可与你为伴？

4）经济拮据时，你向谁开口？

5）被困孤岛，你渴望谁在身边？

6）倒在病床，你喜欢谁照顾？

7）当你恋爱失败，你向谁倾诉？

8）若你与家人吵架，你向谁倾诉？

9）当你获得某项成功，你会与谁分享？

10）若你考试成绩不理想，你去向谁说？

11）当你在功课上有问题时，去向谁请教？

12）当你面临选择，去向谁征求意见？

13）如你长期外出，你的用品托谁照管？

14）搬家时，你找谁帮忙？

15）为完成一个重要使命，你找谁？

看看上面列出的问题中，你列出多少个人——

如果少于3人，你的社会支持系统很不完善。

如果3～5人，你的社会支持系统不太完善。

如果5～8人，你的社会支持系统比较完善。

如果8人以上，你的社会支持系统非常完善。

个体对社会支持的利用存在着差异，有些人虽可获得支持，却拒绝别人的帮助；另外一些人却乐于主动寻求别人的帮助。

据说，女性之所以比男性的平均寿命长，其中一个比较重要的原因就是女性更愿意寻求支持。当陷入困境时，社会支持犹如雪中送炭，能带给人持久的温暖、安全及重振生活的信心、勇气和力量，有益身心健康。

（6）增强控制

许多心理健康的研究表明，个人是否感到自己能够有效地控制、支配周围环境及自己，与一个人行为和思维的积极性、情绪体验的好坏有很高的相关性。缺乏控制感的人经常体验到强烈的焦虑，身心健康也受到损害。

有两种增强控制感的方法。

1）尽可能地让生活有规律。生活规律被打破，会让你觉得生活一团糟，使焦虑情绪严重。尽力让自己恢复规律的生活，可以让你觉得对生活有一种可控感，缓解焦虑情绪。

2）积极收集正确的信息。在地震发生的时候，在流感来临的时候，国家之所以要通过电视、广播等各种途径向人们介绍这些灾难产生的原因及预防措施等，其中一个比较重要的心理学原因就是通过宣传大量正确的信息，增强大众对灾难的控制感，从而缓解大家的焦虑情绪。

所以，当你因迷茫、不知所措而焦虑时，积极主动地去收集相关信息，可以帮助你对形势心中有数。当一个人对一件事情越了解，他对这件事情的控制感往往增加，焦虑就会减小。

练习

1．什么是情绪？情绪与健康有何关系？

2．民航服务人员有哪些主要的情绪问题？

3．请结合自己的实际情况，谈谈情绪管理策略。

项目训练

【目的】

帮助同学们找出自己生活中的一些不合理信念，有效地调节情绪。

【内容】

艾利斯 ABC 情绪理论中与不合理信念的辩论

A——缘由，在生活中困扰你的是什么？可能是内在的、外在的，真实的、想象的，过去的、现在的或是未来的……

____

____

____

____

C——结果，由 A 造成的影响自己的负面情绪和自我挫败行为是什么？例如，焦虑、烦躁、生活没有动力……

____

____

____

____

B——不合理信念，自己在生活中有哪些不合理信念？灾难化，如我什么都做不好，我完蛋了；挫折容忍度降低，如我无法忍受自己……

____

____

____

____

D——辩论，自问，这种信念对我造成什么影响？有益或只是自我挫败？有什么证据可以支持我的不合理信念？这种信念符合现实状况吗？事情真的糟到不能再糟了吗？……

【考核】

每位学生首先独立完成，然后对于学生们普遍的不合理信念举行全班大讨论，学生们相互补充完善，营造宽松、和谐的讨论氛围，不允许批评和嘲笑，最后教师根据学生的表现进行评审打分。

序　　号	项　　目	权重 /%	得　　分
1	观点是否正确	10	
2	理由是否充分、有说服力	40	
3	表达是否清晰、准确	10	
4	参与讨论是否积极、主动	20	
5	学习态度是否谦逊，是否能够接受意见、建议	20	
合　　计			

【反思】

自我评价、学生互评或教师评估。

存在问题	解决方法

课外阅读

推荐理由：

作者张德芬，曾经的台视知名女主播，美国加州大学MBA（master of business administration，工商管理硕士）。2002年开始，她受到启发与指引，辞去高薪的工作，专心研修各种不同的心灵成长课程及心理治疗方法，体悟了许多灵性及个人成长方面的心得。

张德芬的《遇见未知的自己》初版于2008年1月，却在2009年4月才首次登上开卷虚构类榜单。这部作品是华语世界第一部心灵小说，在海峡两岸销量突破40万册。小说从冬天雨夜一位孤独无助的女性巧遇一名智慧老者写起，在与智者数度交谈的过程中，女孩渐渐填补不快乐、挫败的心灵缺口，寻回最真实勇敢的自我。张德芬以其深入浅出的笔触，揭示困扰人们的烦恼，分析了诸如人为什么不快乐、如何成为自己生命的主人、如何拥有想要的生活等问题，并且传达了各种人生智慧，使读者感受到身心的疗愈。张德芬也因此被冠为华语世界首席心灵畅销书作家。

我为什么常常不快乐？——失落了真实的自己

胸有成竹的若菱，带着准备好的答案和满腹的疑问再度拜访老人。轻敲门后，还是那句“进来吧”，门就应声而开。

若菱进了屋，这次比较有心思和时间来打量老人的居住环境。

老人的住所极其简单，传统中式家具，简朴的布置，就是那一个洋里洋气的壁炉显得有点突兀。

“这周过得好吗？”一坐下，老人就问她。

“挺好的。”若菱小心翼翼地回答。

半晌，若菱有些迟疑地说：“关于上次你要我想的问题……”

“哦，你想出来了吗？”

“嗯，我想，每个人都在追求财富、权力、健康、爱和快乐！”一边说，若菱一边偷看老人的脸色反应。

“嗯，”老人点头，“那你呢？也是追求这些吗？”

“我，我当然希望有一定的财富……”若菱一直对钱财有很深的不安全感。

“有了财富以后，你会怎么样？”老人问。

“会比较开心，不再为未来担忧啦！”若菱简直不敢想象，这辈子如果有花不完的钱财的话，那会有多爽！想到可以走进任何一家自己喜欢的精品店，不看标价就随意选购看中的东西，若菱简直有点飘飘然了。

“权力呢？”老人打断了若菱的白日梦。

“嗯，我还不是特别追求权力，因为好像其他的基本要求都还没有满足……”

“如果你很有权力的话，你会觉得怎么样？”

“那……我应该会很满足，很过瘾！”若菱想象当上公司首席执行长以后的神气模样。真是酷毙了！

“有了健康呢？你又会怎么样？”

若菱除了小感冒外，没有生过大病。对于健康，她的感觉不深，不过她可以想象那些失而复得健康的人会多么珍惜健康，“有了健康就很快乐，很好啊！”

“好。”老人的一连串问题似乎告一段落，“所以，这样追究下去，我们人类所要追求的东西，也不过五个字就可以表达出来！”

“五个字？”若菱有点失望，她还以为会比自己想得更多呢，岂知更少。

老人拿起一支粉笔，在石灰地上开始写字——爱、喜悦、和平。

若菱有点惊愕，看着老人等他解释。

你刚才说人类追求的东西，像权力啦、财富啦、健康啦，最终目的还是在追求喜悦与内心的和平，不是吗？老人探询若菱的意见。

“是可以这样说啦，但是快乐和喜悦又有什么差别呢？”若菱不懂。

“快乐是由外在事物引发的，它的先决条件就是一定要有一个使得我们快乐的事物，所以它的过程是由外向内的。”老人顺便理了一下自己长长的白胡须，“然而这样一来，就有了一个问题啦……”

老人看着若菱，眼里是意味深长的破折号。

若菱的脸上只有一个大大的问号。

“问题就是，既然快乐取决于外在的东西，那么一旦那个令你快乐的情境或事物不在了，你的快乐也随之消失了。而喜悦不同，它是由内向外的绽放，从你内心深处油然而生的。所以一旦你拥有了它，外界是夺不走的。”

若菱听得发痴了，她此生连真正的快乐都很少体会到，更别说喜悦了。

“而这里说的爱，也不是你们一般的男欢女爱，而是真正的爱，无条件的、不求回报的……”老人继续阐释。

“就像父母对孩子的爱？”若菱虽然这样问，但是她自己就从来没有得过父母那种无条件的爱。若菱父母自顾不暇，没有多余的爱给她。从小她就只能艳羡别人，或是在看电视、电影的时候，想象自己是片中那个幸运的孩子。

“是的，有些父母的确可以表现出真爱的特质，但是很多父母却是以爱为名，把孩子视为自己的财产，让孩子为他们而活，而不是尊重孩子自己的生命历程。”老人此刻显得有点严肃。

若菱低下头，红了眼。她自己的父母好像视她为无物，她倒宁愿父母把自己视为财产横加干预、严厉管教，而不是不闻不问。

“孩子，每个父母也是人，他们有他们自己的限制。”老人委婉相劝。

“但是你要相信，在过去的每一刻，你的父母都已经尽他们所能地在扮演好他们的角色。他们也许不是最好的父母，但是他们所知有限，资源也有限。在诸多限制下，你所得到的已经是他们尽力之后的结果了，你了解吗？”

若菱委屈地点点头，老人的话的确能安慰若菱受创的心。只是若菱内心始终都有个遗憾，永远的遗憾。

在迷茫的泪水中，若菱抬起头，看着老人。

“我知道你要问我什么，”老人又在发挥心术了，“你要问我如何才能得到爱、喜悦与和平，是吗？”

“是的，而且，我们每个人都在追求这些，为什么几乎是人人落空？每个强颜欢笑的后面，隐藏了多少辛酸？为什么会这样？”若菱愈讲愈激动，似乎代表天下人在发出不平之鸣。

“因为，”老人等她说完，简单而平静地回答，“你失落了真实的自己。”

——节选自《遇见未知的自己》

第二节　民航服务人员的压力应对

一、压力与健康

1．压力

(1) 压力的概念

压力是一种动态情境，是指在这种情境中，个体对某一不能很好应对的、不确定而又重要情境的生理与心理反应。可以从以下3方面理解。

1) 压力是指那些使人感到紧张的内外刺激。例如，我们经常听人说，自己有一份“压力很大的工作”，这是把可能带来紧张的事物本身当做压力。

2) 压力是指个体感知到、体验到的主观的情绪反应。例如，有人说“我要参加演讲比赛，我觉得压力好大”。这里他就用压力来指代自己的紧张状态，压力是他对演讲事件的反应。这种反应包括两个成分：一是心理成分，包括个人的行为、思维及情绪等主观体验，也就是所谓的“觉得紧张”；二是生理成分，包括心跳加速、口干舌燥、胃部紧缩、手心出汗等身体反应。这些身心反应合起来称为“压力状态”。

3) 压力是指个体主观应对能力与客观应对情境的相互作用的过程。这个过程包括引起压力的刺激、压力状态及情境。所谓情境是指人与环境相互影响的关系。压力不只是刺激或反应，而是一个过程。在这个过程里，个人要不断地通过行为、认知、情绪的策略来改变刺激物带来的冲击。面对同样的事件，每个人经历到的压力状态程度却不同，就是因为个人对事件的解释不同，应对方式不同。

可见，压力的概念不仅清楚地说明了压力这个词既有积极的一面，又有消极的一面，或介于两者之间，而且指出压力的来源是非常广泛的；另外，决定一个人是否感受到压力，在很大程度上不是外界的诸种因素，而是这个人对这些因素做出的反应。压力是一种对身心承受力的要求，正是这种承受力（一个人自身存在的某种东西）决定他对要求做出的反应。如果承受力强，与压力平衡，个人就不会有太多的压力反应；如果承受力不足，就会产生压力反应，感到压力过大，会由于无力应对而感到无助和无望，导致情绪困扰、行为混乱甚至心力衰竭等。如果承受力高而压力不足，人们会感到空虚无聊，由于生活的目标、意义减少，使人们感到自己是无用或无价值之人。总之，压力太大和太小都有可能使人产生生存无希望、个人无用和无价值之感。

(2) 压力源

压力源是导致个体产生压力反应的情境、刺激、活动、事件等。压力源存在于生活的各个方面，既可以来自个体的内部，也可以来自于外部；既可以是躯体的，也可以是心理社会的。常见的压力源可分为以下3类。

1) 一般性的压力源。

① 物理性：温度、光、声、电、气体、放射线、外力等。

② 化学性：酸、碱、化学药品等。

③ 生物性：各种细菌、病毒、寄生虫等。

2) 生理病理性的压力源。

① 正常生理功能变化：如青春期、妊娠期、更年期改变等，或基本需要未得到满足，如饥渴、活动等。

② 病理性改变：如缺氧、脱水、电解质失衡、疼痛或手术、外伤等。

3) 心理社会性的压力源。

① 一般性社会因素：如丧失亲人、搬迁、旅行、人际关系紧张或角色改变（结婚、生育和毕业）。

② 灾难性社会事件：如地震、水灾、战争、社会动荡等。

③ 心理社会因素：如参加考试、竞赛、理想自我与现实自我的冲突等。

压力源可引起人的生理和心理反应，但并非所有的压力源对人体均产生同样程度的反应。压力源的大小取决于同一时期内压力源的数量、强度、持续时间、个体的感知和以往的经历等。压力源的挑战在某些情况下是有利的，缺少压力源的刺激会导致个体成长发展的停滞。

(3) 压力反应

压力反应指个体对所受压力产生的反应，一般分为生理和心理反应，两者经常是同时发生的。

1) 生理反应。个体在压力状态下会出现一系列生理反应，主要表现在自主神经系统、内分泌系统和免疫系统等方面。例如，压力导致心率加快、血压增高、呼吸急促、激素分泌增加、消化道蠕动和分泌减少、出汗等。

2) 心理反应。压力引起的心理反应有警觉、注意力集中、思维敏捷、精神振奋，这是适应的心理反应，有助于个体应付环境。例如，学生考试、运动员参赛，在适度压力下竞争容易出成绩。但是，过度的压力会带来负面反应，出现消极的情绪，如忧虑、焦躁、愤怒、沮丧、悲观失望、抑郁等，会使人思维窄化、自我评价降低、自信心减弱、注意力分散、记忆力下降，表现出消极被动。心理学研究还表明，过度的压力会影响智能，压力越大，认知效能越差。个体在压力状态下的心理反应存在很大差异，这取决于个体对压力的知觉和解释，以及处理压力的能力。

根据不同情况下对压力源和压力反应的研究得出以下结论。

1）多种压力源可以引起同一种压力反应。例如，大多数疾病虽各有特征，但都会出现疲乏、失眠、食欲减退、体重下降等共同表现。

2）人们对同一压力源的反应可以是各种各样的。

3）大多数人都能设法避免外伤、疼痛、过高或过低的温度等一般性的压力源。

4）对极端的压力源，如灾难性事件，大部分人的反应方式是类似的。

5）压力反应的强度和持续时间取决于既往的经历、社会交往、该情境对个体的意义等因素。

2．压力对健康的影响

在生活中，每个人都承受着来自不同来源的大大小小的压力，适当的压力可以成为动力，激发潜力，促使人去学会新东西，给人以成功感或振奋感；但压力过大过多就会使人感到疲劳、无助、灰心、失望，引起身体和心理上的损害。

（1）压力对心理健康的影响

从心理状态上看，压力导致负面情绪反应的产生：人们面对危险时的情绪反应是恐惧，面对胁迫事件时的反应是焦虑，而面对分离或失落时的情绪反应则是忧郁。个体如果长期笼罩在这些消极的情绪体验之下，很可能会相应地导致认知功能的损害、判断力缺失、社会关系中断，以及其他更为严重的心理疾患。压力是引起多种心理疾病的重要因素。在一些常见的心理疾病，如失眠、神经衰弱、过度焦虑、神经质、压抑等疾患中，压力都是很明显的致病因素。

（2）压力对生理健康的影响

从生理方面来看，压力会削弱人体的免疫系统，使免疫屏障遭到破坏，抵抗力下降，人自然容易生病。当人处于压力状态下时，交感神经、肾上腺的活动明显加强，并分泌大量的肾上腺素和去甲肾上腺素，引起血糖和血脂浓度升高。持续的高血脂是造成心脑血管疾病的重要原因。同时，在感到有压力时，由于交感神经兴奋，人体对氧的需求量增加，往往造成心肌急性缺氧，导致心脏病患者的猝死。另外，由于交感神经兴奋性增强，使血糖升高，会加速动脉硬化和诱发多种疾患，如紧张性头痛、多汗症、脱发症、神经性呕吐、神经性厌食、过敏性结肠炎、消化性溃疡、糖尿病等。

另外，源于压力的行为变化，如滥用酒精和毒品，同样会对心理和生理健康带来极大的危害。

二、民航服务人员常见的压力源

1．工作的特殊性

民航作为交通运输服务业，其工作性质决定了从业者要承担更多高强度、高危险性的工作。

为保障航班飞行安全，狭小的工作空间、飞机运行时的噪声和高空辐射，服务人员不但要直面各种恶劣气候条件对飞行安全的影响，还要直面飞行过程中突发事故的压力，如恐怖袭击、危险品威胁、机械故障、客舱旅客闹事等，所有这些都会在无形中增加民航服务人员的压力。

2. 个人发展的局限性

由于自身对角色定位不准，对工作责任、工作范围不清楚，服务意识不强，不能深刻理解服务的意义，导致职业的倦怠；担心工作环境的噪声辐射对身体造成的危害；航班延误造成的生活作息无规律、睡眠剥夺等；个人期望不能得到充分满足，如薪资水平不高、人员培训不足、晋升空间不够等也会造成民航服务人员的压力。

3. 工作和家庭难以平衡

所有服务行业的从业人员越是在节假日工作越繁重，民航服务人员也不例外，难以做好工作和家庭间的适当平衡，对家庭、子女难以兼顾，受失恋、离婚、子女教育、父母赡养等生活压力的困扰。

4. 民航企业和社会环境的竞争加剧

近年来，民航业面临的行业竞争日趋激烈，为了确保竞争优势，追求卓越服务，民航各企业提出了服务制胜战略，创新服务举措，培育服务品牌，吸引潜在顾客。例如，航空公司创 Skytrax 五星航空公司，推出会员卡制度；机场创世界“十佳”服务机场和商务贵宾服务等。然而，民航的服务链条很长，服务岗位很多，只要有一个环节出现问题，就会影响旅客对民航服务的评价。以社会关注的航班延误为例，普遍存在航班信息不能及时传递，安抚旅客的方法无法及时决策，一线服务人员得到的航班延误信息模糊不清，难以给旅客满意的答复，导致旅客将不满情绪发泄在一线员工身上。一线员工的辛苦劳累、忍辱负重可想而知。

三、压力的应对

1. 压力应对的特征

应对是在遇到压力时，为了预防、承受、减轻和消除压力而做的认知和行为上的努力。其有以下几方面特征。

（1）应对的个人风格

受人格的影响，应对常具有跨情境的一致性，称为应对的特质性。即个体在许多不同的场合都偏爱使用相同的应对方式，这也就形成了个人独特的相对稳定的应对风格。有的人一遇到困难，马上就向别人求助；有的人喜欢自己一个人承受，不愿麻烦别人。

（2）应对的情境

在某种特定的问题情境下，个体常有特定的应对方式。情境不同，运用的应对策略也不同。例如，有的人对待工作压力采取的是积极面对、解决问题的策略，但遇到人际关系紧张问题，就不愿意直接面对，坐下来好好谈一谈，通过沟通来解决问题，而是采取回避的方式。

应对的情境性还反映在，即使是同样的事件，在不同的场合或不同的心情下，个体采用的应对方式也可能不同。

（3）应对的动态变化

应对是一个动态的过程，在这个过程中，个体采用的应对策略常常会改变。例如，突然听说自己考试成绩没有过及格线，感到非常意外时，常会先做出否认的应对反应，连说"这不可能"、"怎么会呢"。紧张缓和一些后，就可能采用宣泄的方式，表示不满或者委屈。再接下来可能就不愿再提起这倒霉的事了，即采取回避的方式。

在个体发展中，受个人经验或他人的影响，也会改变原来对待某种压力事件的应对方式，学习使用新的应对方式。例如，遇到有人对自己产生误解，原来采用的是回避方式，现在可能会采用直接面对，与其积极沟通的方式。积极学习使用有效的应对策略有利于个体心理成熟与健康发展。

（4）应对的组合使用

在应对中，人们很少采用单一的应对方式，而是常常会采用不同的应付方式或策略的组合形式。灵活采用多种应对方式对缓解心理压力是很有效的。

（5）应对的相对意义

任何应对方式对个体都有一定的意义，应对的意义是相对的。也就是说，一种应对可能在某种情境下起到的是消极作用，在另一种情境下则起到积极的作用。例如，得了重病，采取积极寻求信息，主动求治的应对方式对减轻压力是最有效的。但是如果得的是不治之症，病人若采取回避、幻想的应对方式则更能缓解情绪，使其在重大压力下不至于被击垮，对缓和压力是有作用的。所以这种方式如果不是长期使用，还是积极有效的。

2．压力的应对方式

压力应对主要有两种方式：一是着重于问题的应对，即通过解决面临的问题，从根本上解决压力源；二是着重于情绪的应对，即通过应对来缓和由压力事件造成的紧张和痛苦的情绪。

（1）着重于问题的应对

1）承认压力。很多人之所以没有办法应对压力，是因为自己抗拒压力、逃避压力、不愿意面对压力，甚至抱怨周围的一切，如抱怨给自己压力的环境、上司和同事……掩饰压力只会造成长期的负面效应，并且给战胜压力带来更大的困难。面临压力时，不要忽视问题，坦然承认存在的压力，能够帮助我们从理性层面做好应付压力的准备，积极想办法解决问题，减轻压力。

相关链接

压力自我评估

要想战胜压力，第一步要敢于承认压力的存在，这对减轻压力非常关键。现在进行自我评估测试，对下列陈述做出反应，选择一个最贴切的答案。尽可能地客观公正：若回答“从不”则选1，若回答“总是”则选4，依此类推。然后算出总分，参照后面的分析自我评估，借鉴测试答案以明确需要改进的地方。

选项：1从不，2有时，3经常，4总是。

1）一旦工作发生差错，就责备自己。	1	2	3	4
2）一直积压问题，然后总想发作。	1	2	3	4
3）全力工作以忘记私人问题。	1	2	3	4
4）向最亲近的人发泄怒气和沮丧。	1	2	3	4
5）遭受压力时，注意到自身行为有不良变化。	1	2	3	4
6）只看到生活中的消极方面而忽视积极方面。	1	2	3	4
7）环境变化时感到不适。	1	2	3	4
8）感觉不到在团队中的自我价值。	1	2	3	4
9）上班或出席重要会议时迟到。	1	2	3	4
10）对针对自己个人的批评反应消极。	1	2	3	4
11）一小时左右不工作就内疚。	1	2	3	4
12）即使没有压力，也感到匆忙。	1	2	3	4
13）没有足够的时间阅读报纸。	1	2	3	4
14）希望可以得到他人的注意或他人的服务。	1	2	3	4
15）工作和在家时都不爱暴露真实情感。	1	2	3	4
16）同时承揽过多的工作。	1	2	3	4
17）拒绝接受同事和上司的劝告。	1	2	3	4
18）忽视自身专业或生理方面的局限性。	1	2	3	4
19）工作占据全部时间，无暇享受兴趣和爱好。	1	2	3	4
20）未加周全的思考，就处理问题。	1	2	3	4
21）工作太忙，整整一周不能和朋友、同事共进午餐。	1	2	3	4
22）问题棘手时，逃避、拖延。	1	2	3	4
23）感觉行动不果断就会受人利用。	1	2	3	4
24）感到工作过多时，羞于告诉他人。	1	2	3	4
25）避免托付工作给他人。	1	2	3	4

26）尚未分清主次就处理工作。	1	2	3	4
27）对他人的请求和需要，总是难以拒绝。	1	2	3	4
28）认为每天必须完成所有的工作。	1	2	3	4
29）认为不能应付自己的工作量。	1	2	3	4
30）因害怕失败而不采取行动。	1	2	3	4
31）往往把工作看得比亲人和家庭生活更重要。	1	2	3	4
32）事情没有即刻生效，便失去耐心。	1	2	3	4

分析：

总分 33 ～ 64：你能很好地驾驭压力，因为大多积极性压力能够产生激励作用。所以，努力在积极性压力和消极性压力之间寻找最佳平衡。

总分 65 ～ 95：你承受的压力还是适度和安全的，但某些地方需要改进。

总分 96 ～ 128：你承受的压力太大了，需要找策略以减轻压力。

2）了解工作。当有能力胜任自己的工作时，就不会有很大的压力，即使有压力也能坦然面对。如果压力是工作本身固有的、不可避免的，就算有一些不适应、不近人情之处，但对个体来说，是不可更改的事实前提。例如，石油采矿工作会让员工远离家乡，警察要24小时坚守岗位，清洁工要早出晚归打扫街道……如果一个人仅仅把工作作为谋生的手段，对之毫无兴趣，体验不到任何的乐趣与成就感，必然不愿意承担工作压力。

民航服务人员要认真理解民航服务工作的性质，努力培养坚定的事业心，从工作中寻找乐趣，热爱工作，享受生活。

3）设置合适的目标和期望。压力的一个常见诱因是对工作中做了什么或没做什么感到愧疚。记住，没有一个人是完美无缺的，如果对自身的标准和期望过高，那么就会难以接受目身所犯的错误。试着把错误当成提高自己的一部分——分析出错的地方，如何纠正错误，并且避免重犯错误。

民航服务人员要正确评估自己、接受自己。不要把自己过高地定位于无所不能，也不要把自己看得一无是处。每个人都是有所能而有所不能的，凡事应量力而行。找到自己最擅长的方面，并使之最大化，就会因游刃有余而倍感轻松。

4）做时间的主人。工作压力重大的症状之一是感到时间不够，无法应付所有必须完成的工作。要想妥善安排时间，而不是由事情来占满时间，人们必须对生活整体目标加以评定。一旦做出决定，确定长期的工作重点，把工作分成三大类：A、B 和 C。既紧急又重要的为 A 类工作，重要但不很紧急的为 B 类工作，常规性、无关紧要的为 C 类工作。每天工作结束时，计划明天要做的事情，把重点的 A、B 类工作与 C 类工作穿插进行，以免一天中的工作单调乏味，又可以避免一直做重要工作的长时间负荷。

同样地，在面对无理的请求时，要使工作和生活达到平衡、和谐，你有权拒绝他人过多地侵占你的时间。学会果断而不带攻击性地说“不”十分重要，如“让我们安排见面后再详细谈论这个问题”，“我认为我不能给你所希望的答复”，“眼下我无法做出更多的承诺”。

5）加强沟通，获得帮助。有些压力是我们自己无法化解的，对付压力的有效的方法是与家人、朋友有效地沟通，在得到家人、朋友的支持和鼓励的同时也可能得到解决问题的方法和帮助。

（2）着重于情绪的应对

1）转移注意力。在受到不良情绪困扰的时候，如果只是一味想着这件令人不快的事情，只会钻牛角尖，越陷越深，难以自拔。这时候不妨暂时放下让人心烦的事情，将注意力转移到与不开心的事情无关的地方。很多时候，有意识地转移话题或转移活动来转移注意力，都可以使不好的情绪得到缓解。在情绪不好的时候外出散步、听音乐、打球、下棋等都是很好的选择。贝多芬（Beethoven）在失恋的时候没有沉迷于痛苦，而是选择从军来帮助自己走出阴影，这就是一个通过转移注意力来调节悲伤的很好的例子。

2）合理宣泄。合理的宣泄并不是指破口大骂，摔破东西，找人打架。这些不合理的宣泄方式只会不断加剧不良情绪的负面影响。但这也并不代表着要“打碎了牙往肚子里吞”，把不快和委屈都憋在心里，自己默默地承受。长期将不愉快的事情及委屈埋在心里，只会导致抑郁的产生。这个时候应该找到适合自己的发泄途径，如找一个没有人的地方痛痛快快地哭一场，主动向亲人或朋友倾诉一番，向心理咨询专家寻求帮助等。合理而健康的发泄可以释放内心郁积的不良情绪，缓解不良情绪的困扰，有益于保持身心健康。

3）自我安慰。相信每个人都听过酸葡萄的故事：狐狸因为吃不到葡萄架上的葡萄，就对自己说葡萄是酸的。与此类似的是阿Q的“精神胜利法”，阿Q和人打架的时候吃了亏，就安慰自己说“这是儿子在打老子，这是什么时代，儿子居然打起老子来了”，于是就感到一阵欣慰，仿佛自己获得了胜利。一直以来，阿Q精神都是自欺欺人的代名词，但是如果能够合理地运用，这种精神却能帮我们缓解不良的情绪。

4）合理运用幽默感。幽默是一种有效的调节情绪的策略，它能减轻心理重压，有助于维持良好的情绪和心态。具有幽默感的人往往都对生活保持乐观的态度，遇到困难时总是看到积极的一面。许多看似令人烦恼、束手无策的事情，如果用幽默的心态来应付，就可能使不愉快的情绪荡然无存，立即变得轻松起来。

5）合理运用放松技术。

① 深呼吸法。平时人们的呼吸大多是浅呼吸，坚持常做深呼吸，使人处于放松状态，大量氧气进入体内，使生命充满活力，抗衡压力，身心愉快。

找一个安静的地方，站着、坐着、躺下都可以，闭上眼睛，松开腰带，用腹式呼吸的方法进行深呼吸。集中意念于腹部，感受腹部的起伏，想象随着呼吸，新鲜的空气进入人体，污浊的空气离开了自己。要提醒自己慢一点、缓一点，控制呼吸次数每分钟10次以下。

② 肌肉放松法。压力会造成全身肌肉紧绷，所以学会一些简单练习可帮助你放松身

体，缓解紧张，重获精力。

可以坐着也可以躺下，一般先从手开始，依次经过手臂、肩膀、颈部、背部、腰部、腹部、大腿、小腿、脚放松，最后达到全身放松。放松的顺序可以根据个人的情况设计。

每处肌肉都经过先绷紧，持续几秒钟后，慢慢放松，意念集中在要放松的部位，仔细体味放松过程中的轻松和舒适的感觉，并记住这种感觉。

③ 心理意象法。练习时找一个安静的地方，可以播放适合意境的音乐，闭上眼睛，通过想象的方式，创造一个理想的、和平宁静的意象，并感受这个意象，使精神放松下来。

如果开头很难静下心来，不妨坚持一下，慢慢地思维便会澄静下来。例如，想象自己来到大海边，天高云淡，眼前是无限宽广的大海，海浪轻拂，花草清香，微风吹过，非常惬意。你拿起一个瓶子，不慌不忙地把烦恼的事一件件装进去，然后盖上瓶盖，把它放在一边。体会着所有的烦恼都离开了自己，身体在净化，内心的力量在增加，你感受着一个全新的自己……保持一段时间，当你睁开眼睛的时候，你将精神焕发、头脑清醒。

在着重于问题的应对方式和着重于情感的应对方式中，就多数情况而言，着重于问题的应对方式是比较健康的应对方式。但并不是所有问题都可以解决，在遭遇过强大的压力而个人又无力控制压力情境的情况下，当事人可以先采用着重于情绪的应对方式来缓解情绪，保存希望，以便使人能恢复精力，从而更有效地处理现实问题。所以，在日常生活中，人们常常是两种应对方式并用。问题式应对方式和情绪式应对方式的具体方法如表 3.1 所示。

表 3.1　问题式应对方式和情绪式应对方式的具体方法

压力的应对方式	问题式应对方式	情绪式应对方式
具体方法	努力控制局面 进一步分析研究所面临的问题 寻求处理问题的其他方法 客观地看待问题 尝试并寻找解决问题的最好方法 回想以往解决问题的办法 试图从情境中发现新意义 将问题化解 设立解决问题的具体目标 接受现实 和相同处境的人商议解决问题的方法 努力改变当前情形 能做什么就做些什么 让他人来处理这件事	希望事情会变好 进食、吸烟、嚼口香糖 祈祷 紧张 担心 向朋友或家人寻求安慰和帮助 独处 一笑了之 置之不理 幻想 做最坏的打算 疯狂，大喊大叫 睡一觉，认为第二天事情就会变好 不担心，任何事到头来最终会有好结果 回避 干些体力活 将注意力转移至他人或他处 饮酒 认为事情已经无望而听之任之 认为自己命该如此而顺从 埋怨他人 沉思 用药

练　习

1．什么是压力？你是如何理解压力的？

2．民航服务人员的压力主要来自哪些方面？

3．在日常的学习、工作、生活中，你是如何应对压力的？

项目训练

【目的】

1．认识到适当压力对人体健康的积极作用。

2．帮助学生学会减压。

【配备】

一个装满水的杯子。

【内容】

一杯水的力量

游戏规则：

1．站立单手举水杯，另一只手自然垂下，不能叉腰或是托举另一只手臂。

2．不能换手举水杯。

3．身体不能倚靠任何物体。

游戏过程：

1．让所有的学生都站起来举起水杯，然后问学生："各位认为这杯水重不重？"

2．学生的回答可能各种各样。继续说："这杯水的重量并不重要，重要的是你能举多久？"

3．全班学生现场举行"举水耐力比赛"。

4．告诉学生如果坚持不了了就可以放下杯子，坐下，放弃比赛。

5．请举水的学生或放弃的学生都来谈谈自己的感受和体会。

教师启发：

1．一杯水的重量是不变的，但你举得越久，越觉得沉重。这就像日常生活与工作中我们承担的压力，如果一直把压力放在身上，到最后就会觉得压力越来越重，难以承担。我们必须做的就是放下这杯水，休息一下，然后再举起水杯，这样才可以举得更久。对待压力，也是同样。

2．想要得到的东西越多我们感受到的压力就越大，我们必须学会放弃，有舍才会有得。

我的心灵感悟：______

______

______

______

【考核】

要求全班学生积极参加，坚持到最后的为优胜者，引导学生不仅仅只是感觉到手臂的酸痛，更重要的是关注内心对压力的感悟和体会，最后教师根据学生参与的积极态度与比赛结果进行评审打分。

序　号	项　目	权重 /%	得　分
1	是否坚持到最后	30	
2	表达是否清晰、准确	30	
3	参与是否积极、主动	20	
4	学习态度是否谦逊，是否能够接受意见、建议	20	
合　计			

【反思】

自我评价、学生互评或教师评估。

存在问题	解决方法

第三节　民航服务人员的耐挫力

一、挫折的产生

1．挫折的定义

挫折是指人们从事有目的的活动时，遇到无法克服或者自以为无法克服的障碍或干扰，使其动机不能获得满足时而产生的情绪状态。

挫折包括3个方面的含义。

(1) 挫折情境

挫折情境是指给人们有目的的活动造成障碍或干扰的情境状态或条件，如工作不被认可、受到讽刺打击等。

(2) 挫折认知

挫折认知是指对挫折情境的知觉、认识和评价。

(3) 挫折反应

挫折反应是指个体在挫折情境下所产生的困惑、焦虑、愤怒、攻击等情绪和行为反应。其中，挫折认知是核心因素，挫折反应的性质及程度，主要取决于挫折认知。

2. 挫折产生的原因

挫折产生的原因，一般可分为客观环境因素、个体主观因素和组织因素3个方面。

(1) 客观环境因素

客观环境因素又可分为自然环境与社会环境两种因素。其中自然环境因素是指个人不能预料和控制的天灾人祸、意外事件等，如下雨让原定的郊游无法成行，地震造成亲人死亡、财产损失，人的衰老、疾病、死亡等。而社会环境因素包括所有个人在社会生活中所遭受到的政治、经济、法律、道德、宗教、风俗习惯等人为因素的限制，如因种族、宗教或法律，使一对相爱的男女无法结婚；入党、提干等愿望因为名额限制而不能实现等。

在现代的文明社会里，社会环境因素造成的挫折比自然环境因素造成的挫折更多，且其影响也更深远。因为自然环境因素造成的挫折使人想到“天有不测风云”，是无可奈何的；而社会环境因素造成的挫折大多是人为的，使人感到可以不发生的却发生了，心理上往往难以承受。

(2) 个体主观因素

1）个人条件的限制。是指个人具有的容貌、身材、生理上的缺陷、疾病，以及体力、智力、能力所带来的限制。这种限制导致某人不能担任某种工作，或在某种工作中遭到失败。例如，一个身材矮小的人很难成为一个优秀的篮球选手。

2）自我估计不当。如果一个人自我估计远远超过实际能力，就会目空一切、不自量力，去追求一些不合理的、不切实际的、根本无法实现的目标，必然造成挫折。当然，一个人自我估计过低、畏缩不前，个体的身心潜能处于被埋没的状态，也会产生由空虚、苦闷、不满足感所造成的挫折。

3）动机冲突。在日常生活和工作中，人的需要是多种多样的，经常同时产生两个或两个以上的动机。假如这些并存的动机互相对立或排斥，由于条件的限制不能同时获得满足而必须有所取舍时，其中某一个动机获得满足，其他动机就会受到阻碍，则产生难以抉择的心理状态，称为动机的冲突。

动机冲突的情况主要有以下几种。

① 接近—接近冲突，又称双趋冲突。指人们同时遇到两个或两个以上都想达到的目标而又不能达到时所产生的动机斗争，个人必须在两种期望中进行选择。正如我们常说的“鱼与熊掌不可兼得”，如一个员工在假期是回家，还是与朋友去旅行。

② 回避—回避冲突，又称双避冲突。指两种对个体都具有威胁性的目标同时出现，使个体对这两个目标均产生逃避动机，但由于条件和环境的限制，必须选择其中的一个目标的心理冲突，如一个员工既不想努力工作，觉得太辛苦，又怕奖金没别人高，甚至面临被开除的危险。

③ 接近—回避冲突，又称趋避冲突。指某一目标对个体具有利与弊的双重意义时，个人一方面好而趋之，另一方面则恶而远之，形成“进退两难”的心境。例如，一个旅客为了节约时间，想乘坐飞机出行，但又担心乘坐飞机不安全，犹豫不决；对某人产生好感，想向对方表达，希望被接受，同时又非常担心被拒绝。

④ 双重趋避冲突。指有两个目标对个体都具有利与弊的双重意义，各有所长，各有所短，不知如何选择。例如，一个女生同时面临两个男生的求爱，两个男生各有特点，一个男生长相好一些，但家庭经济条件不太好；另一个男生能力非常强，但是大男子主义。这名女生选择前者，担心经济压力太大；选择后者，又怕自己的个性被束缚，事事都得由对方安排。

（3）组织因素

1）组织的管理方式。这种方式多主张用权威控制和惩罚的方法来管理员工，形成组织目标（要求员工服从）与个人动机（要求自我实现）之间的严重冲突，导致员工的受挫现象。正如霍桑研究指出，以生产成绩为中心的个人奖励制度即论件计酬的生产方式，迫使员工在金钱的需要与社会需要之间做一抉择，而产生内心的冲突。

2）组织内的人际关系。组织内上级与员工之间的沟通关系如属单轨方式，即员工没有机会向上级反映自己的意见，则员工容易对上级缺乏信赖，产生不满甚至敌对的情绪。上级的意图和下级的想法互相误解，容易造成人际关系紧张的状况。

3）工作性质。分权的不当、大材小用、小材大用，都将造成员工的挫折。现代化的企业发展，过分强调分工精细，以致工作对员工显得单调、枯燥与重复，民航服务人员的工作即是如此。另外，空中乘务员的工作具有一定的危险性，并且在工作中总是与形形色色的人打交道，难免会遇到不如意、不顺心的事情，容易产生挫折。

二、民航服务人员的挫折反应

无论是哪种原因导致了挫折，必然会产生相应的反应。但是，由于主体及所处的环境条件不同，反应方式也会不同；由于形成挫折的原因不同，反应程度也会不一样。下面，我们介绍几种主要的挫折反应方式。

1．攻击性反应

耶鲁大学人群关系研究所的 J. 德兰（J.Dollard）提出的“挫折攻击假说”认为：攻击

是挫折的结果，攻击行为的产生可以预测挫折的存在；反之，挫折的存在，必定引起某种形式的攻击行为。

（1）直接攻击

个体受到挫折后，引起愤怒的情绪，对构成挫折的人或物直接攻击。例如，如果一个人受到别人无故的指责后，他怒目而视、反唇相讥或还以拳头，这就是直接攻击。

在民航服务工作中，直接攻击的形式常常不被旅客接受，不被组织允许，因此，民航服务人员受挫后，往往采取其他形式的攻击行为。

（2）转向攻击

当人们觉察到由于种种原因，引起挫折的真正对象不能或不敢直接攻击时，如对象为自己的上级、重要旅客等，便可能把愤怒的情绪发泄给间接引起挫折的人，甚至无关的他人、他物。例如，面对无礼的旅客，乘务员不会与他发生直接冲突。有的乘务员难以消除心中不快，可能随意迁怒同事、家人或朋友，把不相干的人当成了“出气筒”。

对自己缺乏信心、有悲观情绪的人，还容易把攻击对象转向自己，责备自己。自虐、自残、自杀等行为就是这种心态的表现形式。

2．情绪内心体验上的反应

（1）不安

不安表示一种忐忑，心里有一种不舒服的情绪。即使一个充满自信的人，如果一而再再而三地受到挫折，也会慢慢失去信心，对某些情况产生茫然的预感。

（2）焦虑

焦虑是由紧张、焦急、忧虑、担心和恐惧等交织而成的一种模糊的综合性情绪反应。一方面，持续、过度的焦虑对人们的身心健康是有害的，若不及时调整，可能会导致心理障碍，如焦虑症等。另一方面，适度的焦虑也有积极作用。当人们面对挫折或感到即将面临挫折时，适度的焦虑常常有助于使人集中注意力，活跃思维，从而最大限度地调动身心资源，集中精力去应对挫折或即将到来的挑战。

3．心理防御性反应

在现实生活中，时时处处都可能遇到挫折，人不可能永远都能直接采取有效的行动处理好问题。有时候，当人面对挫折时，苦于不知道怎么面对，体验到一种痛苦的折磨。出于人的自我保护本能，就会产生一种自觉或不自觉地要消除或减轻这种状态的倾向，这就是心理防御机制，即个体处于挫折与冲突的情境时，在其内部心理活动中具有的自觉或不自觉的解脱或减轻烦恼，以恢复情绪平衡与稳定的一种适应性倾向。

民航服务人员常见的心理防御性反应有如下几种。

（1）认同

一个人在遭受挫折后，不自觉地抛开自己原来的观念和行为，转而仿效自己身边乃至社会上的成功者，借鉴他们的经验，仿效他们的做法，从而在主观上增强自己获得成功的信念，减轻自己担心再次受挫的心理压力。

（2）升华

升华指用符合社会标准的行为表现不为社会认可的动机欲念。例如，将攻击欲望升华为拳击运动等体育竞技运动，在升华的活动中，运动员是英雄，符合社会认可。

（3）代偿

由于个人主客观条件不同，有些人不适宜朝某一方向发展，从而产生挫折。为了减轻心理压力，也为了保持自我价值的确立感，人们常常会设法以新的目标代替原有的目标，以现在的成功体验去弥补原有失败的痛苦，称之为代偿。代偿对缓解挫折后的损失感，防止心理压力过大，具有一定的积极作用。但并非所有新的目标和活动都具有积极的价值。如果新的目标和活动符合社会规范和个人发展的需要，这时的代偿行为就是积极的，反之，消极的代偿不但于事无补，反而是有害的，如一个人工作业绩不好，就以沉迷于自己擅长的网络游戏来代偿就是一种消极的代偿。

（4）合理化

合理化指当目标无法达到时，当事人为避免精神上的痛苦与不安，找出种种社会认可的好理由或认为可以原谅的借口为自己的失败辩解。当事人所找的理由或借口，在别人看来是不合逻辑的，但他却认为是合理的，并感到心安理得。表现形式可概括为“酸葡萄效应”、“甜柠檬效应”等。

1）酸葡萄效应。在《伊索寓言》中，有一只饥饿的狐狸，它看到一串串甜熟的葡萄，很想吃，但由于葡萄长得太高，三跃也无法吃到。为了维护自己的面子，便说：“葡萄是酸的，不好吃。”可见，这是借减少或否定未能达到的目标的优点，而夸大其缺点来维护心理平衡的一种防御手段。例如，求爱不成，则说对方才貌平平，非己所求；有的人因缺勤而未得到全勤奖，便用不屑的口吻说：“我不在乎。”

2）甜柠檬效应。在《伊索寓言》中，当狐狸找不到可口的食物时，只得到了酸柠檬，却说：“这柠檬是甜的，正是我想吃的。”这是借夸大既得利益的好处，否定其缺点，以减轻未能实现目标的失落和痛苦的心理，来达到心理平衡的一种防御手段。例如，某人很想参加舞会，但自己不会跳舞，又不好意思让别人知道他不会跳舞，便说自己喜欢安静不愿去闹哄哄的场合。

（5）投射

投射指将自己欲念中不为社会认可的地方加在别人身上，使自己在心理上觉得这些是别人的东西，与己无关。即以这些不被认可的地方他人也有的想法来减少自己的焦虑。例如，总是把仇恨牢记心中的人，常常觉得别人都在恨自己；当一个人不断地在说别人虚荣、嫉妒等的时候，这些往往是他自己内心最真实的写照；一个对领导有成见的人，可能会散布说领导对他有成见，有意整他等。

（6）压抑

压抑指将痛苦或危险的想法排除在意识之外使之不被觉知。由于压抑，痛苦似乎被遗忘了，人在意识上感受不到焦虑和恐惧。但在这种遗忘中，被压抑的东西并没有消失，往往不知不觉地影响人们的日常心理和行为。

(7) 反向

如果人们产生与社会期望不相符合的欲求时，这种欲望就会使人们因惧怕受到舆论谴责和社会的惩罚而无法实现，产生挫折感，并因此带来心理压力。为减轻心理压力，人们常常会反向而动，来掩盖自己的“不良”动机。例如，有些人会以最好的态度对待他最不喜欢的人；越是自己所向往的人和事，越要表现出态度上的漠然；凡事总爱在别人面前炫耀自己的人，恰恰反映了他内心有怕被别人瞧不起的自卑感。

(8) 逃避

逃避是个体不敢面对自己预感的挫折情境而逃避到较安全的地方去的行为。其主要类型有以下 3 种。

1）逃向另一个现实中。例如，某民航工作人员过去工作一直很努力，但由于种种原因受到挫折后，一改过去努力工作的精神，变得漫不经心、得过且过，同时在娱乐等工作之外的事情上倾注其精力，以逃避因工作压力给自己带来的焦虑和不安。

2）逃向幻想世界。从现实的困难情境撤退而逃到幻想的自由境界。幻想偶尔为之，可以使人暂时脱离现实中的挫折，减轻紧张与不安，但如果长期处于幻想世界，养成了从幻想中实现现实生活中实现不了的目标的习惯，则容易无法分清幻想与现实，产生现实适应困难。

3）逃向生理疾病。在日常生活中，社会对一个人的行为总是有一定要求的，但如果这个人是一个病人，社会对他的各种要求都可能会暂时取消或减轻，对他的过失也不做严格的计较。因此，逃向生理疾病指个人借生理上某种机能障碍以避免面对困难，这种疾病的产生是无意识的，与假病不同，如学生害怕考试失败在考试当天发烧。

(9) 推诿

推诿指将个人失败的原因推于客观因素，以推卸自己的责任，减轻内疚感。例如，有的民航服务人员在工作中出现失误，不肯承认自己的错误，而是寻找客观原因，推脱自己的责任，企图以此得到他人谅解，以维护自尊。

心理防御机制的积极作用在于其可以起到帮助人们缓冲心理挫折，减轻焦虑情绪等作用，为人们寻找战胜挫折的办法提供时间。但是，如果一个人过度使用防御机制，不愿意面对挫折，积极调节自己，最终问题未得到真正解决，以后就很可能再次受到同样的挫折，这就是有害的。

4．理智面对挫折

(1) 坚持目标

当遇到挫折后，经过客观冷静的分析，发现自己所追求的目标是现实可行的和正确的，当前的挫折只是暂时的，经过努力是可以克服和逾越的。这时，应设法排除障碍，克服困难，朝着既定目标矢志不渝地迈进，直至最终实现自己的愿望和目标。

(2) 调整目标

经过一再尝试仍不能成功，达不到既定目标，说明既定的目标不符合实际，超过了自己的能力和条件，就应当把原来制定得太高而不切实际的目标往下调整。这种目标的重新审定和转移，不是惧怕困难，而是实事求是的表现，同时也降低和避免了由于目标不当、难以达成而可能产生的焦虑情绪。

（3）改换目标

遭受到挫折后，经过认真的分析，认识到原来的目标和行为是错误的，就应当汲取教训，重新设置正确的、切合实际的目标，为实现新目标而努力。

三、增强耐挫力

1. 耐挫力的定义及其影响因素

古人说："人生逆境十之八九。"我们每个人在生活、学习和工作中，难免遇到挫折，甚至遭遇不测的变故。每个人在遇到挫折时所表现的反应各不相同，有些人能经受考验，从容地应付各种挫折；有些人则灰心丧气、一蹶不振、身心崩溃；有的人能忍受个人生活上的严重挫折，却不能忍受事业上的严重挫折……所谓耐挫力，即受到挫折时对挫折的适应能力和避免行为失常的能力。

一个人耐挫力的高低，主要受以下因素的影响。

（1）生理条件

对生理需要的挫折，一个身体健康、发育正常的人比一个体弱多病、生理上有缺陷的人耐挫力要高。例如，前者相对后者，不怕偶尔的饥寒交迫，可以熬夜长时间工作而不会感到太疲劳。

（2）过去挫折的经验

耐挫力和个人的习惯一样，是可以通过学习而获得的。如果一个人很少遇到挫折或遇到挫折就逃避，他就没有机会学习如何处理挫折，这种人的耐挫力必然很低。

（3）对挫折的认知

学习挫折的定义时，我们提到：挫折认知是核心因素，挫折反应的性质及程度，主要取决于挫折认知。

一般来说，挫折情境越严重，挫折反应就会越强烈；反之，挫折反应就越轻微。但挫折反应的强度与挫折情境的刺激程度并不完全一致。

由于个人对世界认识的不同，即使客观的挫折情境相同，个人对此感到的威胁也不同，因此挫折对每个人所构成的打击或压力也不同。例如，甲、乙两个人同时向迎面走来的主管打招呼，而主管却没有反应。甲会觉得这是主管瞧不起自己，或是故意跟自己过不去，大大地伤害了自尊心。而乙则可能不把事情看得那么严重，他想也许主管正在思考某个问题而没有注意到自己。

即使没有出现实际的挫折情境，但如果一个人认为某种挫折情境将可能出现，如考试将会不及格，或将会遭到某人报复等，也会产生挫折感。

（4）性格特征和文化修养

性格开朗、意志坚强、有自信心、文化修养高的人，比性格孤僻、意志薄弱、自信心差、文化修养低的人耐挫力强。

2. 增强耐挫力的策略

美国优秀小说《汤姆叔叔的小屋》中汤姆叔叔的原型乔·塞·亨森原本是一名黑奴，他在历尽曲折、战胜重重逆境而获得人身自由和经营上的成功后，坎特伯雷主教问他："先生，你是从什么大学毕业的？"亨森回答："逆境大学。"

遭受挫折后，是顽强地与厄运抗争，还是无可奈何地接受命运的摆布，这是强者与弱者，成功者与失败者的分水岭。而大多数人则介于两者之间。

保罗·斯托茨（Paul Stotts）在20世纪90年代中期率先提出了"逆境商数"（adversity quotient，AQ，以下简称逆商），逆商是人们面对逆境、在逆境中的成长能力的商数，用来测量每个人面对逆境时的感受和适应能力的大小。

心理学家认为，一个人事业成功必须具备高智商（intelligence quotient, IQ）、高情商（emotional quotient, EQ）和高逆商（AQ）这3个因素。可见，努力增加自己的耐挫力，让自己能经受住任何考验，有助于我们更好地适应社会，做一名有价值、有利于他人的人。

下面，介绍一些增加耐挫力的策略。

（1）正确认识自身工作的性质

由服务行业的性质决定，旅客有要求服务人员为他服务的权利，而服务人员却无拒绝旅客正当要求的权利。民航服务人员不可能在服务过程中与旅客处于平起平坐的平等地位。因此，民航服务人员在工作中肯定会遇到各种挫折，这就要求民航服务人员必须对自身的工作有正确的认识，正确、冷静地对待工作中的各种挫折。

这里提到的不平等，指的是服务行业中民航服务人员这一社会角色，而不是具体的个人。民航服务人员需要做的是角色定位（代表组织，不以个人好恶、心情为标准），调节个人（个性的）与其所充当的社会角色（非个性的）之间存在的不相适应的矛盾。在民航服务中，旅客是消费者，是受服务者的角色，而服务人员是工作者，是供服务者的角色。当旅客得到了优质服务的时候，服务人员也成功地扮演了自己的角色。因此，"旅客至上"绝不意味着"服务人员至下"。

（2）学习挫折知识，提高认识和调整心态的能力

有的人遭受挫折往往是由对事物的认识与判断失误引起的；有的人挫折感强烈，往往是缺乏对挫折情境正确的分析导致的。因此，要提高挫折成因、挫折情境分析判断的能力，提高调整心态以适应生活环境变化的能力，从而增强战胜挫折的信心和能力。

每个人都有自己的憧憬和愿望，但是人们不能指望所有的愿望都会轻易实现，不能指望一切事态都按自己的意愿发展。遭受挫折后，要学会面对现实，不因为一时的失误和挫折而丧失信心，要冷静客观地分析，找出造成挫折的真实原因，是客观因素造成的，如任务的难度、环境因素等，还是主观因素的结果，包括人的性格、能力、努力程度、意志、策略的运用等。对挫折做出符合实际的准确归因。

挫折并不是完全无益的，它具有双重性，既有消极的一面，也有积极的一面。通过总

结经验教训，寻找自身的不足，可以更好地促进个人的发展，同时还能够磨炼性格和意志，增强创造力和智慧，增长知识和才干。

(3) 改善挫折情境

一般来说，如果挫折情境得以消除或改善，挫折感自然会随之发生变化。

对挫折情境的改善需注意以下问题：尽可能采取及时有效的防范措施，预防挫折的产生；当挫折发生之后，认真分析原因，不断努力改变那些可以改变的挫折情境；努力减轻挫折引起的不良影响，尽快从挫折中脱身。

例如，改善企业人际关系就是管理者和每一个员工需要共同做好的工作。在互相信任、互相帮助、互相支持、互相尊重的上下级关系和人与人之间的良好人际氛围中，大家有意见可以及时沟通，有难题可以一起解决，大家和睦相处，因人际矛盾引起的受挫折的机会自然就减少了。当某个人受到挫折时，领导、同事的关心、劝慰和鼓励给受挫者以温暖，能增强受挫者战胜困难和挫折的信心和勇气，尽快摆脱挫折情绪的困扰。

(4) 加强个性修养，磨砺才干和毅力

挫折并不可怕，重要的是爬起来比跌倒多一次就行了。

在日常生活中，要不断完善自己的个性和修养，乐观、积极、自信，学习合理处理挫折情绪困扰的有效方式，磨砺自己的才干和毅力。经受挫折和失败后，不灰心失望，而是积极想办法去解决问题，把挫折对自己的打击当成自我磨炼的机会。

练　习

1．什么是挫折？你是如何理解挫折的？

2．民航服务人员的挫折反应有哪些？

3．当你在学习、工作、生活中遇到挫折时，你是如何面对挫折，增强耐挫力的？

项 目 训 练

【目的】

1．了解挫折是每个人成长的必经过程。

2．认识挫折认知是产生挫折的关键因素。

【内容】

生命的历程

步骤一：每人准备一张空白纸。在纸上画一条线，代表自己生命的长度，这条线的左端是“0”，代表自己生命的起点。请在这条线的右端，也就是生命结束的地方，写出一个数字，代表自己希望活到的年龄。然后在这两者之间将现在的年龄所在的位置画出来，并且标上数字。

步骤二：请回想过去（从出生到现在年龄之间）的岁月里，特别令自己自豪的3件事情，并简要写下来。

请回想过去的岁月里，特别令自己感到挫折的 3 件事情，并简要写下来。

设想一下，在未来的岁月里，最想实现的 3 个目标，并简要写下来。

步骤三：随机分成小组，每小组 4 ～ 6 人，小组成员依次发言，讲述自己的“生命线”。在交流中，了解每个人都有不同经历，都有顺境有逆境，有失望有希望。已经发生了的事情就是客观存在，改变的只能是自己的内心感受。

【考核】

学生先独立完成，然后随机分组，每小组 4 ～ 6 人，小组成员依次发言，营造宽松、和谐的讨论氛围，不允许批评和嘲笑，最后教师根据学生表现进行评审打分。

序　号	项　目	权重 /%	得　分
1	表达是否清晰、准确	30	
2	参与讨论是否积极、主动	20	
3	学习态度是否谦逊，是否能够接受意见、建议	20	
4	是否具备团队协作精神	30	
合　计			

【反思】

自我评价、学生互评或教师评估。

存在问题	解决方法

歌曲赏析

每一个人都必经很多困难与挫折。励志歌曲在我们最失意的时候陪伴着我们成长，因为它总能带给我们一股力量，勇敢面对挫折，振作精神，重新出发。

最初的梦想

如果骄傲没被现实大海冷冷拍下 / 又怎会懂得要多努力 / 才走得到远方 / 如果梦想不曾坠落悬崖 / 千钧一发 / 又怎会晓得执着的人 / 有隐形翅膀 / 把眼泪装在心上 / 会开出勇敢的花 / 可以在疲惫的时光 / 闭上眼睛闻到一种芬芳 / 就像好好睡了一夜直到天亮 / 又能边走着边哼着歌 / 用轻快的步伐 / 沮丧时总会明显感到孤独的重量 / 多渴望懂得的人给些温暖借个肩膀 / 很高兴一路上我们的默契那么长 / 穿过风又绕个弯心还连着 / 像往常一样 / 最初的梦想紧握在手上 / 最想要去的地方 / 怎么能在半路就返航 / 最初的梦想绝对会到达 / 实现了真的渴望 / 才能够算到过了天堂 /

倔 强

当 我和世界不一样 / 那就让我不一样 / 坚持对我来说 / 就是以刚克刚 / 我 如果对自己妥协 / 如果对自己说谎 / 即使别人原谅 / 我也不能原谅 / 最美的愿望 一定最疯狂 / 我就是我自己的神 / 在我活的地方 / 我和我最后的倔强 / 握紧双手绝对不放 / 下一站是不是天堂 / 就算失望 不能绝望 / 我和我骄傲的倔强 / 我在风中大声地唱 / 这一次为自己疯狂 / 就这一次 我和我的倔强 / 对 爱我的人别紧张 / 我的固执很善良 / 我的手越肮脏 / 眼神越是发光 / 你 不在乎我的过往 / 看到了我的翅膀 / 你说被火烧过 / 才能出现凤凰 / 逆风的方向 更适合飞翔 / 我不怕千万人阻挡 / 只怕自己投降 / 我和我最后的倔强 / 握紧双手绝对不放 / 下一站是不是天堂 / 就算失望 不能绝望 / 我和我骄傲的倔强 / 我在风中大声地唱 / 这一次为自己疯狂 / 就这一次 我和我的倔强 /

第四章　满足或超越旅客的需要

服务的本质是满足或超越旅客的需要，不同的旅客有不同的需要，即使是同一旅客在不同的环境之中需要也是不一样的，作为服务人员不可能一一满足旅客的所有需要，所以，为了给旅客提供优质、满意的服务，服务人员必须在不同的工作流程中，识别旅客的主导需要，从而满足或超越旅客的主导需要。

知识目标

- 掌握马斯洛的需要层次理论。
- 辨析在不同工作流程中旅客主导需要的差异。

能力目标

- 能识别在不同的工作流程中旅客的主导需要。
- 会满足或超越旅客的主导需要，为其提供优质、满意的服务。

第一节　需要概述

一、需要的概念及特点

1. 需要的概念

需要是人们对自身生存和发展所必需的条件和达到的理想状态的一种要求或期望。一个人要生存，总有对食、衣、住等物质生活资料的要求，一个人作为社会的人也有与人交往，寻求安全、友爱和实现自己人生理想等心理和社会性的要求。需要在没有实现之前，是一种个体的主观状态，但它绝不仅仅是一种主观自生的东西，而是对主体内在需求和外部环境条件的一种能动的反映。在实践中人们积极性调动的程度，往往与他的需要的激发程度有关。驱使一个人产生有利于企业发展目标的行为，离不开把企业组织目标与个人的物质追求和精神追求统一起来。

2. 需要的特点

需要不是抽象的、凝固的，而是具体的、复杂的和变动的，它受到主客观各种条件的影响和制约。需要的特点至少可以从以下几个方面去理解。

（1）人的需要具有客观性

需要作为人的一种欲求有其客观物质基础，不能仅仅把它归结为一种主观心理状态。最基本的生理需要反映了人自身肉体组织的需要，同时这种需要的满足要受到人的社会关系和外部自然条件的制约。人的需要的客观性使之具有客观现实性，否则就成为一种主观臆想。

（2）人的需要具有自觉性

人的需要不是一种本能的反映，而是具有自觉意识的特点，它是人的行为的目的和动机的内在根据。虽然人的需要也包含肉体组织所决定的生理的、心理的、本能的因素，但经过社会生活的改造，都带有自觉意识的特点，至于高层次的需要其自觉的指向和控制更离不开意识的作用。一个人的价值观、生活经历和知识水平等都会对人的需要起重要作用。

（3）人的需要具有社会性

人们是在社会交往活动中获得自己需要的意识及其对象物的，人们所处的社会关系不同，就会产生出不同的具体的需要，在阶级社会中，不同利益群体的需要常常是对立的。不能离开具体的社会物质生活条件和人的社会关系，来抽象地设定人的需要，西方一些需要理论在这一问题上有诸多错误，需要我们在研究中加以澄清。

（4）人的需要是复杂的，形成一个变动着的有机结构

随着生产劳动和社会生活的进步，人的需要也在日益丰富和发展。由原来侧重基本生理需要到各种物质的、精神的、文化的需要，特别是日益增长着的对自身主体能力的发展和人生价值的追求。到了社会发展的理想阶段，人的自由而全面的发展将成为人的根本需要，劳动不仅仅是满足人的各种需要的手段，而且成为人的第一需要，这种劳动活动本身就将成为最大的激励因素。

二、需要层次理论

美国著名人本主义心理学家亚伯拉罕·哈洛德·马斯洛（Abraham Harold Maslow）的需要层次论，是提出最早、影响最大的一种激励理论。1943 年马斯洛在《人类动机理论》一文中初步提出这一理论，在 1954 年出版的《动机与人格》一书中做了进一步阐述，在以后的晚期著作中还做了进一步的补充和发挥。马斯洛的理论最初只是在心理学界影响较大，后来著名管理学家道格拉斯·麦格雷戈（Douglas M.McGregor）把这一理论全面引进管理理论中，才使它获得了广泛的影响。

1. 人的需要的层次划分

马斯洛认为，人类需要可以大致归结为生理需要、安全需要、交往需要、尊重需要和自我实现的需要等，它们是由低级到高级逐级形成和发展的，如图 4.1 所示。

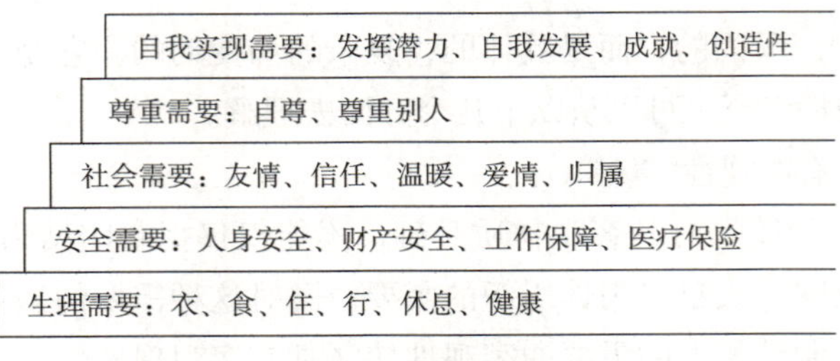

图 4.1　需要层次

（1）生理需要

生理需要是指人类满足自身生存的一种最原始、最基本的需要，主要指人们需要获得衣、食、住、行、休息、健康等方面的基本满足。若不满足，则有生命危险。这就是说，它是最强烈的不可避免的最底层需要，也是推动人们行动的强大动力。显然，这种生理需要具有自我和种族保护的意义，以饥渴为主，是人类个体为了生存而必不可少的需要，当一个人存在多种需要时，如同时缺乏食物、安全和爱情，总是缺乏食物的饥饿需要占有最大的优势，这说明当一个人为生理需要所控制时，那么其他一切需要都被推到幕后。只有当生理需要得到基本满足，人们才会把需要的目标指向更高一级。在经济不发达的社会及其较贫困的人群中，生理需要仍是首先要满足的方面。

（2）安全需要

安全需要是人们寻求保护自己以免受到危险与威胁的一种需要。安全的需要包括人身安全、财产安全、工作保障、医疗保险，希望职业安全、生活稳定、免于灾难、未来有保障等。具体表现在：①物质上的，如操作安全、劳动保护和保健待遇等；②经济上的，如失业、意外事故、养老等；③心理上的，希望解除严酷监督的威胁，希望免受不公正待遇，工作有应付能力和信心。安全需要比生理需要较高一级，当生理需要得到满足以后就要保障这种需要。每一个在现实中生活的人，都会产生安全感的欲望、自由的欲望、防御能力的欲望。

（3）社会需要

社交的需要也叫归属与爱的需要，是指个人渴望得到家庭、团体、朋友、同事的关怀、爱护、理解，是对友情、信任、温暖、爱情的需要。社交的需要比生理和安全需要更细微、更难捉摸。它包括：①社交欲，希望和同事保持友谊与忠诚的伙伴关系，希望得到互爱等；②归属感，希望有所归属，成为团体的一员，在个人有困难时能互相帮助，希望有熟识的友人能倾吐心里话、说说意见，甚至发发牢骚。社交的需要与个人性格、经历、生活区域、民族、生活习惯、宗教信仰等都有关系，这种需要是难以察觉、无法度量的。乔治·埃尔顿·梅奥（George Elton Mayo）等人进行的霍桑实验有力地支持了这种观点，说明管理者要把人看做具有社会心理需求的人，而不仅仅是一种谋求物质利益的经济人。

(4) 尊重的需要

尊重的需要是人对尊重、拥护和关注等方面的需要。尊重的需要包括两个方面：自尊和来自他人的尊重。自尊需要的满足是指由于实力、成就、适当、优势、用途等自身内在因素而形成的个人面对世界时的自信、独立。他人的尊重需要的满足则是地位、声望、荣誉、威信等外界较高评价的获得。自尊需要的满足可以获得一种自信的情感，使人们觉得自己在世上有价值，自己是必不可少的，自己在世上也是能够发挥一技之长，能为别人所需要的。而一旦此类需要受挫，人们就会产生自卑、无能的感觉，自己一无是处，除非经过相当的努力，否则这种人会因为自我形象的渺小而愈发地做事失败，然后导致更加自卑，没有自信的人是很难成事的。一般来讲，这层的需要很少能得到完全满足，但基本上的满足就可产生推动力。这种需要一旦成为推动力，就会令人具有持久的干劲，而这些需要一旦受到挫折，人就会产生自卑感和无助感。

(5) 自我实现的需要

自我实现的需要是最高等级的需要。满足这种需要就是要求完成与自己能力相称的工作，最充分地发挥自己的潜在能力，成为所期望的人物。这是一种创造的需要。有自我实现需要的人，似乎在竭尽所能使自己趋于完美。自我实现意味着充分地、活跃地、忘我地、集中精力、全神贯注地体验生活。成就感与成长欲不同，成就感追求一定的理想，往往废寝忘食地工作，把工作当成是一种创造活动，希望为人们解决重大课题，从而完全实现自己的抱负。

2. 5种需要之间的相互关系

马斯洛认为，这5种需要具有以下几个重要的作用特点。

1）人的需要是有层次的，其实现和满足具有顺序性，即由低到高逐级实现。当下一级需要获得满足之后，追求上一级的需要就成为新的行动动力。

2）人的激励状态取决于其主导需要是否满足（主导需要是指在各种需要中占统治地位的需要）。

3）不同的人，各层次需要的强烈程度不一样。同一个人在不同的情境下，也可能会有不同的需要。

4）生理需要与安全需要属于较低级的需要，感情需要、尊重需要与自我实现需要属于较高级的需要。高级需要是从内部使人得到满足，而低级需要则主要是从外部使人得到满足。

3. 需要层次理论的局限性

马斯洛的需要层次理论把人的需要看做是一个有组织的系统，是一个层次结构，对我们理解人类的基本需要有很大的启发，但它也存在以下问题。

1）马斯洛的理论还没有脱离本能论。因为他认为人类的基本需要是与生俱来的，是由体质或遗传决定的。这样就把人类的生理需要和社会需要混同起来了。

2）马斯洛的需要层次理论强调需要由低级向高级发展，低级需要没有得到满足，高级需要就不会产生，这种观点有其片面性。他把人类需要看做是有高低之分的层次结构有其合理性，但对高级和低级需要之间关系的看法有其机械性，没有认识到高级需要对低级需要有调节和控制的作用。因为人是有自己的理想和追求的，很多人可以为了自己的理想和信念不顾自己还没有满足的温饱需要。

3）马斯洛强调的自我实现需要是个人的自我实现，没有与社会需要结合起来。在现实社会中，如果个人完全追求个体的自我实现，全然不顾他人的利益和当时的社会需要，那么这种自我实现的价值也是要大打折扣的。

三、民航服务人员了解旅客需要的重要性

民航旅客的需要是人的一般需要在消费活动过程中的一种反映，同样也包括了生理、安全、社交、尊重及自我实现5个层次的需要。

1. 旅客的生理需要

民航旅客的生理需要主要体现在对饮食、座位、环境、设施等方面的需要。由于人们的生活水平不断提高，越来越追求生活的品质，所以旅客对餐食营养的搭配、饮品的种类口味的要求也越来越高。同时对飞机的座位大小、前后距离、座位的舒适度都有诸多要求，旅客还非常关注售票处、机场环境的宽敞明亮、干净整洁、客舱的温度、噪声等。这些都要求民航服务过程中无论是对民航服务的硬件设施还是软件方面都应该给予重视，如果处理不好，必将引起旅客的不满。

2. 旅客的安全需要

旅客的安全需要是旅客的主导需要。他们之所以选择乘坐飞机，是因为飞机在所有交通工具中是最安全的。2010年12月，中国民用航空局（以下简称民航局）在北京召开全国民航航空安全工作会议。民航局副局长李健在安全工作报告中指出，2010年全行业运输飞行507.2万小时、239.3万架次，同比分别增加14.0%、11.0%。通用飞行38.5万小时，同比增长6.1%。中国南方航空股份有限公司（以下简称南航）连续安全飞行772万小时，连续保持了134个月的飞行安全，创我国民航最好安全纪录。中国国际航空股份有限公司（以下简称国航）获得飞行安全“五星”奖，中国东方航空股份有限公司（以下简称东航）获得飞行安全“四星”奖，四川航空股份有限公司（以下简称川航）、山东航空股份有限公司获得飞行安全“一星”奖，飞行学院获得飞行训练“四星”奖。而据我国公安部交通管理局统计数据显示，2010年全国共发生道路交通事故238 351起，造成67 759人死亡、275 125人受伤。但由于飞机运输的特殊性，一旦有问题其危险性就很高，人的生命就会受到很大威胁。所以，一旦有天气变化、起飞时间延迟、飞机机械故障等情况发生，都会引起旅客情绪的很大波动，这是因为旅客感到自己的人身和财产安全受到威胁。让旅客的安全需要

得到满足，从而他们才能对航空公司更加放心。

3．旅客的社会需要

旅客的社会需要是指旅客被临时群体和组织接纳的需要，这取决于民航服务人员与旅客之间良好服务关系的确立。这要求在民航服务过程中民航服务人员要多与旅客进行沟通交流，可以通过服务人员的一个亲切的微笑、一声热情的问候来实现，也可以通过服务人员给旅客分发各种旅行报刊，介绍旅客最关心的公司有关服务，介绍当地人情风貌、气象、旅行须知、商业信息等来实现。

4．旅客的尊重需要

旅客的尊重需要在民航服务过程中表现得比较明显，所谓民航旅客尊重的需要是指民航旅客希望获得民航服务人员的理解和尊重、关心和帮助，希望服务人员尊重他们的人格，强调“顾客就是上帝”的服务意识。旅客希望服务人员能耐心地听取他们的想法或看法，即使有的地方讲错或做错，服务人员也不要表现出讥笑的态度或语气，更不希望服务人员指责他们。对旅客的这种自尊的需要，民航服务人员不但要理解他们，而且要尽可能地满足他们。一旦触犯旅客的自尊心，可能会引起旅客的恼怒．甚至会爆发冲突。

5．旅客的自我实现需要

在我国现阶段，有些民航旅客把享受民航服务看做是他个人人格的延伸。在整个民航服务过程中，旅客希望自身的价值得到认可和尊重，自己的主体地位得到体现，从而实现自我肯定，实现自我发展的需要。对于有些旅客来讲，经常乘坐飞机或是乘坐“两舱”（头等舱和公务舱），是一种地位和身份的体现和象征，在某和程度上也是实现自我的标志。这种自我实现的需要使旅客在服务过程中追求个性化的服务，要求民航服务提供符合他个人特点的服务内容。这就要求民航服务在建立规范性服务的基础上，在满足旅客各种需求上强调服务的多样性，如食品、读物、娱乐活动等应尽可能满足不同层次的旅客，使旅客有选择的机会。在这个方面，由于我国民航起步晚，与国外发达航空公司相比，各航空公司还存在很多差距，需要进一步完善个性化服务。

由此可见，在民航旅客中，无论是一般旅客，还是特殊旅客，安全需要都是主导需要，安全与否是旅客乘坐飞机的主要考虑因素，只有满足了旅客的安全需要，保证了旅客的生命财产安全，才能真正落实原民航总局“安全第一”的指导方针。在民航服务中满足超越旅客对安全的需要，首先航空公司可以通过各种媒体、多种渠道让旅客了解民航的安全规定、操作方式等，放心选择乘坐飞机；其次在服务过程中，服务人员表现出美丽大方、镇定自若、坦然从容的气质，能给旅客以信赖感，让旅客感到安全，消除空中的恐惧；再次当服务人员用具有说服力的专业语言来解答旅客在旅途中提出的疑问时，让旅客感觉到服务人员都是经过严格的专业训练的，是值得信赖的；最后服务人员对旅客本人及财务行李物品都照顾得很仔细、周到，也会满足旅客的安全心理。

练　习

1．简述马斯洛的需要层次理论。

2．请运用马斯洛的需要层次理论分析旅客的需要。

3．作为一名服务人员，掌握马斯洛的需要层次理论有何意义？

课外阅读

马斯洛其人

马斯洛是世界著名的心理学家。1967～1968 年马斯洛曾任美国心理学学会主席，由于积极的追求探索和卓有成效的研究成果，他被誉为“人本心理学精神之父”，在美国及世界不少国家颇具影响。

马斯洛 1908 年生于美国纽约。他的父母是早年移居美国的犹太侨民。儿童时代的马斯洛是布鲁克林郊区一个非犹太区里唯一的犹太孩子。他曾说他有点像一个在清一色白人学校里念书的第一个黑人。马斯洛曾经这样描述他的童年：“我十分孤独不幸。我是在图书馆的书籍中长大的，几乎没有任何朋友。”

年轻的马斯洛逐渐成熟，开始欣赏起艾尔弗雷德·诺思·怀特海（Alfred North Whitehead）、亨利·柏格森（Henri Bergson）、托马斯·杰斐逊（Thomas Jefferson）、亚伯拉罕·林肯（Abraham Lincoln）、柏拉图和斯宾诺莎（Spinoza）等先哲的著作。他把发现了威廉·格雷厄姆·萨姆纳（William Graham Sumner）的《民俗》说成是“我生活中的珠穆朗玛峰”。

除了如饥似渴地读书学习外，马斯洛还十分重视参加社会实践，这正是成熟后的马斯洛具有注重实际的特点的原因。他很早就开始工作——最初是送报纸。好几个夏季他都为一家家庭公司干活。这家公司现在已经成为一个十分成功的大型木柄制造企业——通用容器公司。

1928年，刚满20岁的马斯洛就结了婚。马斯洛回忆道：“我的生命是在我结婚并前往华盛顿后才真正开始的。我发现了约翰·B.华生（John B.Watson），他使我对行为科学着了迷。我因此而激动万分。”他在哈里·F.哈洛（Harry F.Harlow）博士的指导下研究起猴子来。他还写了关于猴子的个性特点与主导特征的博士论文。

后来，马斯洛开始研究格式塔心理学和弗洛伊德心理学。随着研究的深入，他对行为科学的热情逐渐减退。当年轻的马斯洛夫妇有了自己的家庭之后，马斯洛又有了一个重要的发现——婴儿的行为使他放弃了行为主义。他写道：“我们的第一个婴儿改变了我的心理学生涯，他（指婴儿）使我从前为之如痴如醉的行为主义显得十分愚蠢，我对这种学说再也无法忍受。它是不能成立的。”在一次由《当代心理学》杂志进行的采访中，他对玛利·哈林顿·霍尔（Malley Harring ton Hoerr）说道：“当我看着这神秘的小东西时（指婴儿），我都有些糊涂了。那种神秘的、不能自主的感觉使我惊奇万分……我觉得任何有过孩子的人都不会成为行为主义者。”

20世纪30年代，马斯洛又回到了纽约，成为布鲁克林学院的心理学教授。

马斯洛把纽约称为心理学的钟灵毓秀之地，他在这里得到了最深刻的学术锻炼。他写道：“我从未遇到弗洛伊德（Freud）或卡尔·G.荣格（Carl G.Jung），但我却在阿尔弗雷德·阿德勒（Alfred Adler）的家里见过阿德勒。他常在家中主持周五晚间研讨会，我曾与他多次交谈……我还找了其他许多人，如埃里克·弗洛姆（Erich Fromm）、露丝·本尼迪克特（Ruth Benedict）和马克斯·沃特海默（Max Wertheimer）等人。我可以有理由说我有过世界上最好的正式与非正式的教师。那仅仅是因为我凑巧生活在纽约市，而当时欧洲思想家的精英正纷纷为逃离阿道夫·希特勒（Adolf Hitler）而云集于此。除古时的雅典以外，它是无与伦比的。这些人中的每一个我多少可说是熟识的。我在前言中提到的那些人是我交往最深、最为感激的。很难说他们当中的任何人比别人更重要。我只是向每个人、每个能教我的人学习……每个人都是我的教师。我不是戈尔茨坦主义者，也不是弗洛姆主义者或阿德勒主义者或其他什么，我从不参加任何狭隘的派别组织。我向所有的人学习，拒绝关闭任何门户。”

玛格丽特·米德（Margaret Mead）、加德纳·墨菲（Gardner Murphy）、罗洛·梅（Rollo May）、卡尔·罗杰斯（Carl Rogers）等这些新学科的领导人物对马斯洛也产生了重大影响。

1941年12月7日，日军偷袭珍珠港，翌日，美国对日本宣战。由于年龄太大，马斯洛不能投笔从戎，决心贡献毕生精力去寻找一种关于人类行为的普遍理论。这种理论将以世界范围的事实为依据，成为一种有用的理论。用马斯洛自己的话来说是一种“为和平会议桌所用的心理学”。于是，马斯洛开始着手综合他研究过的许多观点。

“我想证明人类有能力完成比战争、偏见和仇恨更美好的东西。”

“我要使科学开始考虑迄今为止一直不是科学家所处理的问题——如宗教、诗歌、价值观、哲学和艺术。”

马斯洛同加拿大阿尔伯塔的北部黑足印第安部落共处的那段经历，也对他产生了深刻的影响。马斯洛在社会科学研究委员会的资助下，与这些印第安人一起生活了一个夏天。他的人类文化学研究早就使他注意到在诸原始变化之间的敌意与摧毁性可以从零一直到百分之百。虽然他也承认他的研究规模还不够大，然而这些发现已使他意识列人类的侵略行为与其说是遗传所带来的，倒不如说是文化的结果。

这个部落的稳定人口有800人左右，但马斯洛却发现在最近15年内人们仅有5次拔拳相见。“我用了一切我所掌握的人类学与精神病学手段来寻找社会内部的敌意，但与我们的大社会相比这个社会内部的敌意是微乎其微的。”

马斯洛写道：在他进行研究的全过程中，他从未遇到一次能被称为残酷或者是掩饰起来的侵犯行为。他观察到：孩子们绝少受到体罚；黑足印第安人蔑视白人，因为后者对孩子以及自己的同胞十分残酷。

马斯洛曾担任布兰戴斯大学心理学系教授兼系主任和美国人格与社会心理学学会主席。他的主要著作有《动机与人格》、《存在心理学探索》、《人性能达到的境界》、《科学心理学》。

马斯洛还主编了《人类价值的新知识》等著作。

《动机与人格》(1954) 是关于人类心理自然基础的研究，也是马斯洛的第二部著作，自从这部著作出版之后，马斯洛发表了大量的报告、论文、演讲和专著来发展、详述与改进其最初的表述。

《存在心理学探索》(1962) 和《人性能达到的境界》(1971) 是马斯洛关于人性与社会关系的研究，用他自己的话来说是“规范社会心理”的探讨。

马斯洛在《存在心理学探索》修订本序言中写道：“自从1962年此书发表后，心理学界已发生了很大变化。在绝大多数场合被称为人本主义心理学的那些心理学已被牢固地建立起来，作为第三种合理选择和纯客观的心理学而与正统的如弗洛伊德主义相抗衡。有关这种心理学的各种文献正在迅速增加。更重要的是，它现在已经开始被运用，特别是运用于教育、工业、宗教、组织与管理、治疗、自我改善等方面，并且其运用也包括各种其他的‘尤赛琴’式的机构、杂志与个人。”

“尤赛琴”(eupsychian) 一词由希腊词根eu（好）与psyche（灵魂）组成，意为有利于心理健康的。按照马斯洛的定义，“尤赛琴”指的是“由一千名自我实现者在一个与世隔绝的岛上，在没有外界干涉的情况下所倡导的文化……‘尤赛琴’一词也可以这样来理解，即它指的是‘向心理健康发展’……”不难发现“尤赛琴”与“乌托邦”相类似。

至于自我实现，马斯洛在不同的场合，从不同的角度做过不少表述，最通俗的说法莫过于这段话：“一位音乐家必须作曲，一位画家必须绘画，一位诗人必须写诗，否则他就无法安静，人们都需要尽其所能，这一需要就称为‘自我实现需要’。”马斯洛说：“自我实现也许可以大致描述为充分利用和开发天资、能力、潜力等。这样的人似乎在竭尽所能，使自己趋于完美。”可以说自我实现的本质是人的潜能和创造力的发挥。

马斯洛的自我实现理论有3个重要组成部分。第一，“需要层次论”；第二，“自我实现论”；第三，“高峰体验论”。

长期的呕心沥血，使马斯洛积劳成疾。1970年，因心脏病发作，医治无效，马斯洛与世长辞，享年62岁。

（资料来源：李保润．1995．需要层次论及其在经济管理中的应用．东营：中国石油大学出版社）

第二节　电话咨询时旅客的主导需要及服务

一、电话咨询时的工作内容与特殊性

随着通信技术的日益完善，民航旅客购票的方式有3种：网上购票、电话订票和民航售票处购票。但许多旅客在购票前，都习惯于先打电话咨询航班的相关信息，包括时间、舱位、票价、机型、航班号等。可见，电话咨询是旅客和航空公司的第一次不见面的交流接触，是整个民航服务工作的起点，这一服务环节工作好坏，将会直接决定旅客对航空公司的整体印象。因为人与人在第一次交往中会留下深刻的第一印象，在对方的头脑中形成并占据着主导地位，这种效应也称为首因效应。电话咨询是服务人员第一次和旅客接触，所以在电话交流中也应该面带微笑，微笑是人际沟通的最佳方式，这样会使说话的声音清晰、语气柔和，充分尊重旅客，带给旅客心理上的安全感。

二、电话咨询时旅客的主导需要

当旅客在拨打咨询电话时，有各种各样的需要，包括对航班时间、舱位、机票价格、行程累计、航班签转、航班更改等信息的咨询了解。不同旅客的主导需要是不一样的，对于大多数一般旅客而言，他们的主导需要是了解航班时间及票价的折扣信息，对于商务旅客或者VIP旅客，他们的主导需要是了解更多的航班时间和舱位的信息，服务人员应该尽可能地识别旅客的主导需要，迅速、准确查询后告知旅客。当旅客拨打咨询电话时，有的确实是要购买机票，有的仅仅是询问、了解相关的信息，无论旅客是否马上购买机票，服务人员都应给予热情的服务和满意的答复。

相关链接

国航推出统一服务热线95583提供三大类服务

2011年10月25日，国航正式推出国航全新服务热线95583。它统一了原有服务热线、销售热线、知音会员热线、白金卡热线及客户关系维护中心投诉热线，集合了各热线服务内容向旅客提供一站式全方位服务。

全新国航热线可提供三大类服务。第一为常规服务，包括机票购票及退改签服务、

国航知音会员服务和商旅卡客户服务；第二为专项服务，包括白金卡专线、大客户专线等服务；第三为增值服务，包括酒店预订、中转服务、贵宾旅客接送等服务。

国航力求通过电话呼叫中心的功能升级，使旅客以更为便捷的方式，获得更多的信息、更周到的服务及更佳的问题解决方案，在提升服务一致性的同时不断优化客户体验。

国航热线 95583 提供 7×24 小时全天无间断服务，并可支持中文、英文服务。我国大陆地区可直接拨打 95583 接入国航热线。身处境外的旅客可选择直接拨打国际服务热线接入，并且可免收国际长途费。北美地区可拨打 0018002808122，欧洲、日韩地区也已在 20 个国家开通了国际服务热线 80086100999，拨打前加拨本地国际接入码即可接入。

（资料来源：http: //news. xinhuanet/air/2011-10/27/c_122203207. html）

三、电话咨询时的注意事项

1. 电话接听要热情

由于电话咨询是服务人员代表航空公司第一次和旅客不见面的交流沟通，为了给旅客留下良好的第一印象，所以除了要求服务人员的普通话标准、吐字清晰、声音甜美，有较强的亲和力以外，还应该具备强烈的服务意识，积极、主动、热情地为旅客服务。作为电话咨询的首问语，“您好，很高兴为您服务”就比“您好，请问有什么可以帮助您”要恰当得多，因为“服务”一词体现了服务人员和旅客正确的角色定位，而“帮助”一词表明旅客是处在弱势甚至有些许请求的含义，不同词语的运用，表明了不同的工作态度和方法。

2. 传递信息要准确

根据旅客的问题、要求和需求，回答旅客关于航班的相关信息内容，不允许出现错误或让旅客产生误解，要做到准确无误、耐心细致，这就要求服务人员业务熟练、爱岗敬业，具有高度的责任心。

3. 情绪管理要做到

在电话咨询工作中，难免会听到各种不友好的声音，甚至是骚扰电话，但是服务人员代表的是航空公司的形象，所以说话办事要把握好分寸，控制好自己的情绪，牢记自己是服务人员的角色定位，力求得到旅客的理解和支持。

练 习

1．电话咨询时，如何利用心理效应做好服务工作？

2．电话咨询时旅客的主导需要是什么？如何满足或超越旅客的需要？

项目训练

【目的】

1．明确服务热线对于航空公司发展壮大的重要性。

2．延伸完善服务热线功能，满足、超越旅客的需要。

【内容】

川航233万元拍得特号 新建全国最贵服务热线

2003年8月18日下午，川航用233万元的天价拍得当时中国最贵的电话号码“028-88888888”，开通了最高价位的服务热线。川航董事长蓝新国透露，当时他们的竞拍心理价格是100万元，正是他定下了“志在必得”的目标，川航最后才用233万元“抢”到了这个特级“号码宝贝”。

董事长蓝新国认为表面上看起来是用233万元拍下了一个电话号码，但自从购买这个电话使用权以来，川航的品牌和形象都得到了提升，其附加价值远远超过了233万元。蓝新国在2005年的一次采访中讲到，“两年来，川航营业额从20多亿元上涨到30多亿元，而8个‘8’的电话特号也为我们带了很好的社会影响，目前我们这个号码每个月直接或间接产生的效益达500万元。”

“美丽川航、时尚川航”是川航人引以为傲的企业文化，而“美丽川航”的说法就是从8个“8”开始的，随后川航一系列举措都是围绕着8个“8”展开的：8位美女空姐、8位机长、8位外籍飞行员、8位台湾飞行员等。

现在8个“8”不仅是川航的服务平台，也是川航的一张名片，旅客在这里可以享受到许多超值的服务，包括航班及实时动态查询、货物运输语音查询、订座、订票，并提供成都机场出港航班的机场“行前取票”服务、订座、订票、并提供成都市区（三环路内）的免费送票服务、联程/回程机票的座位再证实、机票候补申请受理、特殊服务申请受理、常规旅客的里程累积查询、密码修改、个人资料修改及会员申请受理等，旅客的建议、意见、质量投诉及索赔要求的受理，其他无法一一列举需要帮助的情况，如遗失物品在飞机上需要协助查找等。当旅客一说到航空公司的服务电话时，往往首先想到的就是川航的8个“8”。

问题：

1．为什么川航要在2003年花费233万元拍下一个电话号码？服务热线对于航空公司的发展壮大有何重要性？

2．作为一名服务热线的工作人员，如何更好地为旅客提供服务？

【考核】

全班学生按4～6人分组进行讨论，然后选派小组代表进行阐述，允许小组成员相互补充完善，其余学生若有疑问可随时提出质疑询问，营造宽松、和谐的讨论氛围，不允许批评和嘲笑，最后教师根据学生表现进行评审打分。

序　号	项　目	权重 /%	得　分
1	观点是否正确	10	
2	理由是否充分、有说服力	40	
3	表达是否清晰、准确	10	
4	参与讨论是否积极、主动	20	
5	学习态度是否谦逊，是否能够接受意见、建议	20	
合　计			

【反思】

自我评价、学生互评或教师评估。

存在问题	解决方法

第三节　民航售票处旅客的主导需要及服务

一、民航售票处的工作内容与特殊性

一般来说，旅客购票的方式有3种：网上购票、电话订票和民航售票处购票。网上购票基本未涉及服务人员的服务，电话订票服务在上一节已讲述，这里我们将着重讲述民航售票处旅客购票的需求及服务。

电话咨询是旅客和航空公司的第一次不见面的交流接触，而民航售票处是旅客和航空公司第一次面对面的沟通，也是航空服务质量的窗口，旅客除了关注服务人员的服务态度与质量的“软件”以外，还特别关心售票处的位置、环境等“硬件”的设施，包括售票处是否交通便利，售票处是否干净整洁、是否有空调暖气、是否提供饮用水及休息座椅，这一环节服务工作的好坏，将直接影响下一服务环节的工作。所以在工作中，服务人员一定要充分运用好“首因效应”和“晕轮效应”，为服务工作的顺利展开奠定良好的基础。

二、民航售票处旅客的主导需要

旅客来到民航售票处购票，有各种各样的需要，如有没有到达目的地的机票、有没有自己满意的机票价格、有没有满意舒适的购票服务和购票环境、有没有意外的服务享受等，但对于每一位到售票处购票的旅客来讲，其主导需要无外乎是要拿到一张准确无误的机票，确保顺利登机。

三、满足或超越旅客的需要

服务人员对购票旅客态度上要热情、礼貌、耐心、周到，表情要微笑、平和，话语声调要尊敬得体，问答之间要耐心细致，照顾要周到妥当。在认真、细致、规范服务的基础上，尽可能地为旅客着想，提供出乎他们意料之外的服务项目，增加旅客的认可和满意度。

1．着眼细节，确保工作准确无误

售票工作要从一点一滴的细节做起。细节不注意或者失误，往往就可能造成一定的经济损失。最容易出现在售票工作中的失误是旅客的姓名和证件号码出错。旅客前来售票厅出票前应要求旅客出示有效身份证件，对旅客的姓名和证件号码进行反复核对。由于中国汉字的特殊化，音同字不同、谐音字、方言字等因素，往往稍一疏忽就会造成错误，一旦旅客姓名出错，旅客便不能正常登机。有效乘机身份证件的种类包括中国籍旅客的居民身份证、临时身份证、军官证、武警警官证、士兵证、军队学员证、军队文职干部证、军队离退休干部证和军队职工证，港、澳地区居民和台湾同胞旅行证件；外籍旅客的护照、旅行证、外交官证等；民航局规定的其他有效乘机身份证件。其中身份证有5年、10年、20年和长期4种，对于不常用身份证的人来说，很少注意它的有效期，这样就有可能在无意中使用过期证件造成无法乘机，遇到这种情况，售票员应提醒旅客办理临时身份证或到派出所开户籍证明。由此可见，售票工作不仅仅是出售机票，我们还应把许多工作延伸至旅客正常登机之前。这些常人眼中看似简单的事情要把它用心去做好也是对每一位服务人员的考验。海尔集团总裁张瑞敏就曾说过："什么叫做不简单，能够把简单的事千遍万遍地做好，就是不简单，什么叫做不容易，大家公认的非常容易的事情，非常认真地做好它，就是不容易。"从简单的事情做起，从细微之处入手，就可以把一些隐患消除于无形之中。

2．严格执行出票流程，养成良好的工作习惯

现在各航空公司均使用的是电子客票，2011年12月中国民航信息集团公司（以下简称中国航信）公布，借助中国航信的技术推动，中国最先成为全球航空电子客票普及率100%的国家。电子客票是普通纸质机票的替代产品，旅客通过售票处现场、互联网或是电话订购机票之后，仅凭有效身份证件直接到机场办理乘机手续即可成行。服务人员只有严格执行出票流程，才能避免工作中的差错、遗漏与失误。针对售票工作中常出现的问题，开展"购票温馨提示"服务可以使售票员和旅客达到直接面对面的双向沟通交流，在出票之前避

免工作差错。由于机票上日期、航班所属的航空公司、票价级别（打折或全票等），都是按国际航空运输协会（以下简称国际航协）的统一规定，只标示英文缩写，旅客因不懂英文标注而频频误机的现象屡见不鲜。因此这就要求服务人员在出票前应进行“唱票”，即核对告知旅客姓名、航程、乘机日期、时间、票款金额等相关信息，得到旅客认可后再出票。出票后，应提醒旅客提前一个小时到达机场办理登机手续，退票的规定及折扣票的限制使用条件，使旅客能感知在享受打折票的同时，自己也应承担的相应风险，从而让旅客心中有数。可见，告知义务是售票工作中不可忽视的一个环节。

相关链接

电子客票的发展历程

电子客票将客户所订取的机票信息储存在订座系统中，执行订座、出票等操作，并使用数据传递方式在相关系统包括离港系统、客户关系管理系统中产生记录。使得客户享受到值机、登机、行李等服务，以及其他增值服务。

电子客票与网上订票的区别在于以下几方面。

1）电子客票是最新的电子商务手段，旅客通过网上的航班选择和票款的在线支付，可实时完成机票的购买（旅客需持有支持在线支付功能的银行卡）；网上订票是将旅客的购票请求发到客户服务部门，客户服务部门需要与旅客联系以确认信息。

2）旅客购买电子客票后，只需凭有效证件在机场柜台打票即可；而旅客通过网上订票方式取得客票的方式仍与传统的取票方式一样，一般为送票上门。

3）电子客票由于在系统中有数据记录，无客票丢失的风险；而通过网上订票得到的客票，由于属于有价票据，若旅客不慎丢失，将会给旅客的出行造成一定的影响。

4）电子客票将会不断升级，将为旅客带来更多、更优质的服务。

世界上第一张电子客票于1993年年底在美国Valuejet航空公司诞生，结果大获成功。从1993年至今，作为航空业电子商务的代表产品，电子客票正逐步成为航空公司主要的销售手段。在美国，电子客票以其“无票旅行”的概念，备受青睐。国际航协更是宣布：所有航协成员必须于2007年年底前100%使用电子客票。

我国三大航空集团中首张真正意义上的中国本土电子机票诞生在南航，时间是2000年3月28日，该电子机票在广州—长沙、广州—北京航线之间进行试点，实现了真正的网上支付，只凭身份证和认证ID号就可以到机场登机，并且与离港系统相连实现了座位选择功能，尔后国航和东航也相继在2003年的7月和9月推出了电子客票。

电子客票的发展为旅客带来了实实在在的好处，旅客的选择性增强，点击一些国外著名航空公司的网站，主页上最显著的位置通常是那些最低的票价，或哪些航线在促销，如

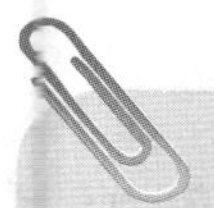

果旅客寻找某一个日期的航班，在输入一个特定日期后，屏幕上显示的是前后3天的航班，如果一个城市有好几个机场，而旅客不知道哪一个机场可能有始发、抵达的航班，屏幕显示的是从该城市所有机场始发，旅客可以自由选择，充分考虑自己的时间、地面交通情况等，而完成整个订座不超过5个步骤。旅客购买机票更加方便快捷，只要旅客想购买电子客票，那么无论在何时何地，只要轻点鼠标，网上购票一气呵成，快捷方便。销售方式的改变大大降低了销售成本，低成本经营和由此带来的低票价最终受益的将是广大乘客。

电子客票除了带给旅客实惠以外，给航空公司也会带来可观的商业价值和辅助性的经济收入，电子客票在降低航空公司运作成本，提高管理水平，增加企业竞争力，防范风险和采用统一标准方面有非凡的历史意义和巨大的作用。

1．降低成本

根据国际航协的数据，使用电子客票可为航空公司节约9美元成本，节约成本的环节在于机票的印刷、运输、分发、保管、数据生成等。使用纸质机票要用特殊的热敏纸进行印刷，而且它是一种高额的有价证券，一张客票价值数千元，需要级别很高的防伪，因此当时也只有天津、上海两家人民币的印刷厂能印制纸质机票。客票印刷出来后需要严密的保管和存储，经过复杂的分发机制和运输环节把客票送至航空公司，再由航空公司配送至自己的售票大厅，或是国内机票代理商、旅行社、航空商旅服务公司等各类销售网点。而每个网点也都要配备保险柜来存放票证。所以印刷费、人工费、存储费等计算进去，平均每张票成本在20元左右。一般来说，我国民航的运力是上亿人次，仅此一项就为航空公司降低成本几十亿。

2．缩短资金周转周期

电子客票采用网上支付方式，资金直接汇入公司总部，加快了航空公司资金的周转速度，更好地利用资金，资金的安全性也大大增强。

3．加快信息传递速度

电子客票通过离港系统形成运输数据，并实时输入到结算数据库，加快了航空公司对销售数据的回收速度，为航空公司及时调整营销策略提供了帮助。

4．与国际航空市场接轨，增强竞争力

全球国际航线的市场竞争是非常激烈的，我国三大航空公司都在积极介入国际市场，仅国航就有50%的运力投放在国际航线，而不管是展开市场竞争还是行业合作，如果没有同水平的实力都是无法实现的，电子客票作为一种全新的服务手段，很重要的一个作用就是要扮演信息桥梁的角色。

2011年记者从中国航信获悉，借助中国航信的技术推动，中国最先成为全球航空电子客票普及率100%的国家。

（资料来源：张萍．2011．民航电子商务的发展现状与趋势．科技资讯，4：189）

3．对于超售机票承担明确的告知责任与义务

所谓航班超售，就是航空公司的每一航班实际订座大于飞机客舱内可利用座位。这一做法在国际上非常普遍，是航空公司降低座位虚耗、提高收益率的重要销售策略。根据目前国内各大航空公司的相关规定，任何一个已经购票的旅客都可以根据自己的行程安排来随意改签航班（特价机票除外）。航空公司如果按座位数去销售机票，一旦遇到有乘客改签或退票，就会导致飞机上的座位虚耗，从而造成浪费。据统计，国内航空公司每超售1万张客票，受影响的大概有4名旅客。一家国内航空公司在销售1万个座位时，不同时实行超售，按保守的数据预测，这家航空公司将虚耗200个座位，按每个座位500元算，将损失10万元。但超售后，包括改签和赔偿乘客的费用，只有区区数千元。在经济利益驱动下，超售已经成为国内外航空公司的普遍行为，但旅客对此的态度却大相径庭。国外航空公司对于超售制定了非常完善的补偿措施，除改签其他航班外，还会为乘客提供机票优惠、金钱补偿等措施，同时最重要的是超售行为往往在售票开始时就会明确告知旅客，自己选择是否承担可能无法登机的风险。但在国内，所有超售都是“静悄悄”地进行的，虽然航空公司有超售的做法，但是并没有完善的补偿措施，也不存在事先告知的做法，这就导致了不明真相而被拒绝登机的乘客极大的抵触，从而引发乘客与航空公司的激烈对峙，甚至是法律诉讼。

售票服务人员在销售超售机票时，一定要充分告知旅客超售情况及处理规则。否则其行为就侵犯了旅客的知情权，属于以欺诈方式超售机票。

练　习

1．在民航售票处旅客的主导需要是什么？如何满足或超越旅客的需要？

2．你如何看待机票的超售？如何做好机票的超售工作？

项目训练

【目的】

1．提升超售机票的服务意识。

2．完善超售机票的售前告知、售后后续服务的流程。

【内容】

提前十几天订好票　登机前却被告知是超售机票

苏女士告诉记者，2012年2月初她在网上预订了济南去昆明的往返飞机票，2月12日她先从济南乘飞机飞到了昆明，到了2月19日她从昆明飞回济南时，在机场却遇到了意想不到的事情。

苏女士回忆说：“19日的飞机是早上7点半左右起飞，我和同伴早上5点就起床，6点

赶到机场，拿出身份证去换登机牌，但机场工作人员竟然说，我们俩人的机票属于超售的机票，所以不能登机。”

“我当时就蒙了，因为经常坐飞机，还从来没遇到买好了飞机票，最后居然不让上飞机的事儿。”苏女士说，当时机场里的工作人员表示，机票超售很正常，目前航班上座位已满，只能安排到别的航班上去了，同时作为补偿，又给了苏女士 400 元钱。

对此，苏女士感到非常意外，虽然据理力争，但对方坚持不让她上这班飞机。百般无奈之下，苏女士只能听凭对方的安排。一直等了 7 个多小时以后，才被安排上另外一班飞往济南的飞机。

回到济南之后，苏女士越想越气愤，经过查询，她还发现该航空公司曾在网上承诺过，像她这样的情况，最低应该补偿 800 元。这让她感到很费解，为什么当时机场工作人员只给了 400 元呢？

记者接着致电该航空公司客服人员，客服人员首先查询了苏女士的电子客票号，然后表示既然苏女士在现场已经接受了补偿款，这事儿就算解决了。记者询问，为什么补偿标准没有按照公司承诺的标准进行补偿？客服人员先是表示不了解这一标准，随后又表示需要向上级汇报后再给一个答复。

（资料来源：李萌博．生活日报，2012-3-1）

问题：

1．航空公司的哪些做法让苏女士非常气愤？

2．面对机票超售，航空公司应该如何做才能安抚旅客情绪，给旅客提供一个优质、满意的航程？

【考核】

全班学生按 4 ～ 6 人分组进行讨论，然后选派小组代表进行阐述，允许小组成员相互补充完善，其余学生若有疑问可随时提出质疑询问，营造宽松、和谐的讨论氛围，不允许批评和嘲笑，最后教师根据学生表现进行评审打分。

序　号	项　目	权重 /%	得　分
1	观点是否正确	10	
2	理由是否充分，有说服力	40	
3	表达是否清晰、准确	10	
4	参与讨论是否积极、主动	20	
5	学习态度是否谦逊，是否能够接受意见、建议	20	
合　计			

【反思】

自我评价、学生互评或教师评估。

存在问题	解决方法

第四节　值机处旅客的主导需要及服务

一、值机处的工作内容与特殊性

值机处的工作内容较繁杂，包括凭有效身份证件办理旅客登机手续，发放登机牌，交运行李及制作配载平衡表。这里我们着重分析值机中与旅客接触的那部分工作，即凭有效身份证件办理旅客登机手续，发放登机牌和交运行李的服务。

值机处位于候机大楼一侧，人员流动量大，环境嘈杂。旅客一般按航空公司的要求会提前一个半小时到达机场，通常来说登机手续在航班起飞前半小时停止办理，以往一个航班只开放一个柜台，旅客只能在该航班的专门柜台办理手续，没到时间不开放，这样，往往出现“一柜台一航班，柜台后面排长龙”的现象，而值机服务人员要在一两分钟内完成旅客登机手续，这包括检核有效身份证件，发放登机牌，检、挂行李牌，计算超重行李费用等，工作强度大，精神需要高度集中，同时值机处是阻挡客票差错的最后一道关卡，如果值机人员没有发现客票上的错误就有可能造成无法想象的后果，紧张的工作容易使值机服务人员产生紧张、焦躁的情绪，降低工作效率，影响航空公司的服务质量。

随着民航业竞争的加剧，航空公司开始将重心转向为旅客提供人性化的优质服务，同时互联网技术的高速发展和国际航协“简化商务”计划的推行也为新的值机业务模式的产生提供了技术支持，相继出现了开放式值机、城市值机和自助值机等新的值机业务模式，大大缩短了旅客办理乘机手续的时间，方便旅客办理手续，提升了服务品质。

相关链接

值机业务发展的新动态

一、开放式值机

所谓开放式值机，是不需要等到飞机起飞前90分钟再办乘机手续，可以随到随办，到达候机厅后也不需要寻找所乘航班的特定柜台，可以在承运航空公司柜台区域内任何一个柜台办理手续的一种新的值机业务模式。

首次推行开放式值机业务的国内航空公司是国航。早在2001年年初国航已经开始试行开放式值机。据介绍，实行全开放柜台值机服务以前，每天在首都机场因掐着点赶到机场办理乘机手续，最终误了航班的旅客，仅国航一家，就有100余人，多的时候有近200人左右。实行全开放柜台值机服务后，国航每天这样的晚到旅客人数已降到3～5人。

从2005年8月1日开始，深圳航空股份有限公司（以下简称深航）深圳出港航班实施全方位开放式值机。实施开放式值机后，旅客一是不需要等到飞机起飞前90分钟再办手续，可以随到随办；二是到达候机厅后不需要寻找所乘航班的特定柜台，可以在深航柜台区域内任何一个柜台办理手续；三是不需要在柜台前排很长的队伍，可以分散到多个柜台办理手续，节约时间。对于航空公司来讲，实施开放式值机，可以节约部分值机柜台，在一定程度上降低了航班保障成本。实行开放式值机，还直接惠及安检。过去，航班办理乘机手续的时间比较集中，高峰期往往会造成旅客过安检排长队。现在，旅客乘机手续随到随办，安检也可以随到随检，安检员的压力轻多了。到今天几乎所有的大型机场都推行了开放式值机。

二、城市值机

所谓城市值机，是指无须在机场候机厅内，而是在航空公司的市内值机柜台即可办理乘机手续的一种新的值机业务模式。

南航北方分公司营业部于2005年首推沈阳市内城市值机业务。此项举措旨在将市内购票与值机服务一体化，进一步简便出行手续，以优质服务赢得更多的商务旅客。据介绍，凡在南航北方分公司营业部各直属售票处购票且乘坐南航沈阳始发国内航班、无托运行李的旅客均可享受市内值机服务（特殊服务旅客除外）。手续办理的截止时间为航班起飞前90分钟，旅客只需在航班起飞前30分钟抵达机场乘机即可。

三、自助值机

自助值机是国际航协“简化商务”计划的一部分，是指旅客无须到机场人工值机柜台排队办理乘机手续，而是到机场的自助值机柜台或登录航空公司网站自行办理乘机手续的一种新的值机业务模式。

2005年南航在广州白云机场首次推出机场自助值机，2006年又开通了国内首家网上自助值机服务。目前航空公司对机场自助值机的一般规定如下：①航班起飞前120分钟开始办理乘机手续，航班起飞前30分钟停止办理；②仅限无托运行李的旅客；③重要旅客、有托运行李的旅客和特殊旅客（婴儿、孕妇、轮椅、担架、无成人陪伴儿童等）到人工柜台办理。

航空公司对网上自助值机的一般规定如下：①航班起飞前1～12小时登录航空公司网站办理乘机手续；②网上不办理行李托运手续，旅客若有行李托运，必须提前1小时到机场人工值机柜台办理托运；③没有行李托运的旅客需在飞机起飞前30分钟到达飞机闸口。

除了以上两种自助值机模式以外，南航还与中国移动合作，推出了手机自助办理乘机手续和短信办理登机手续的业务。2011年5月，南航率先推出移动值机服务，旅客可通过地面服务人员手中的平板电脑和便携式打印机办理值机，旅客仅需提供身份证号或客票号，即可打印登机凭条，随后手持此凭条轻松通过安检并登机，30秒就可以办理好值机手续。移动值机不受空间、地点和柜台数目的限制，只要在有手机信号的地方，即可为旅客办理值机，具备方便、迅捷的特点，不仅可以缓解高峰期值机柜台排队的现象，为旅客节省值机时间，还可以满足旅客的个性化需求。

2011年11月16日，莫斯科谢诺梅捷沃机场全球首次通过Skype网络视频电话办理值机，该机场预计15%～20%的旅客将会通过Skype值机。旅客可以使用“svo-checkin”账户与谢诺梅捷沃机场进行Skype视频通话。在通话中，旅客需要告知自己的姓名及航班信息，出示护照之后，旅客还可以打印登机牌。旅客可以在航班出发前6～24小时进行Skype值机。谢诺梅捷沃机场主管表示，该机场有20家航空公司可以通过Skype值机。目前，该机场正在与俄罗斯航空公司磋商，希望该公司也加入这一服务。机场主管表示：“传统的网络值机不能和真人进行交流，因此旅客担心会出错。现在，通过Skype值机服务，旅客可以进行直接的沟通，不再担心出错。”

二、值机处旅客的主导需要

当旅客购买到机票，到候机楼办理登机手续时，一般有两种情况，一种是等候办理登机手续，另一种是正在办理登机手续，在不同的情境中，旅客的心理需要是完全不同的。

1．旅客在排队等候办理登机手续时的心理需要

旅客在排队等候办理登机手续时，最主要是求快的心理需要。有的旅客带着行李，怕排队，担心时间紧张，登机手续出现问题，于是想早点办完登机手续，就可以放心地进候机室候机，所以旅客在等候办理登机手续时希望越快越好，缩短排队等候的时间很重要。

2．旅客在办理登机手续时的心理需要

旅客在办理乘机手续时的心情就不一样了，不仅不求快，反而希望办得慢一些，稳妥

一些，顺利地更换登机牌和托运行李，这时的主导需求就是求顺，不仅能够顺利地登机，而且有自己满意的座位，如有的旅客要求服务人员给他一张靠窗口的位子，有的旅客则喜欢要靠过道的位子，有的旅客要求坐飞机的前面，有的希望坐后面等。如果有些旅客的行李大小或包装不符合民航要求，或者有些旅客的行李带得过多超重等，旅客就希望服务人员能给他一点方便，让他的行李通过，或者不收超重费，或少收超重行李费等。

三、满足或超越旅客的需要

1．熟悉业务，具有高度的责任感

值机是保障飞行安全的重要环节，由于工作环境和性质的特殊性，要求值机处服务人员熟悉业务，具有高度的责任感，在每一个环节都不能有任何差错，否则，小可影响航班正常运行，大则危及旅客生命财产安全。

值机处服务人员在为旅客办理登记手续时，时间紧、任务重、工作压力大、环境嘈杂，除了给旅客更换登机牌、检挂行李以外，同时还要扮演着问询处的角色。对于旅客提出的诸多问题，需要体谅理解并尽量给予回答。在这些问题中，有的是旅客不懂民航有关规定而产生的问题；有的是旅客碰到困难或遇到问题需要服务人员帮助解决等，有的问题与值机处有关，但可能大多数问题与值机处无关，如“这个航班是大飞机还是小飞机？飞机上发什么纪念品？有没有吃的喝的？”作为服务人员无论什么问题都应该尽可能地耐心、仔细地听，并给予满意的回答。如果有些工作人员很不情愿地为旅客解答问题，或者对旅客的态度不好，就会给旅客留下非常不好的印象。他们不仅会觉得是值机人员这个人服务态度不好，而且会认为这家航空公司的服务态度不好，从而影响了公司的形象。甚至有的旅客在这里得不到满意服务的情绪会从办完登机手续持续到客舱，给客舱服务带来麻烦。这就需要服务人员边操作边回答，可谓“一心二用”。服务人员必须熟悉工作流程，给予旅客满意的答复。

2．主动热情，具备强烈的服务意识

不同的旅客在办理登机手续的时候，会根据自己的不同需要来向工作人员提出不同的要求：有的旅客喜欢靠窗口的位子，有的旅客则喜欢要靠过道的位子，有的旅客要求坐飞机的前面，有的希望坐后面等。还有的旅客往往当时没有提出要求，而在办理好登机牌后才提出这样或那样的要求，当服务人员予以解决的时候，会引发旅客的强烈不满，严重影响其他旅客办理登记手续的时间，但重新办理手续又会带来离港系统的许多麻烦。为了防止这些问题的出现，服务人员应该把工作做在前面，在给旅客办理手续时，主动询问旅客对座位的需求：您需要什么样的位子？您有需要托运的行李吗？您的托运行李需要转机吗（国际）等诸如此类的问题，尽可能地为旅客着想。当旅客的行李超重时，不是一味地催促旅客支付费用，而是帮旅客想办法解决，如让同伴分担其行李，或是随身携带，以减轻行李的重量等，这样会让旅客更多地感到服务人员服务的周到性和全面性。

3. 控制情绪，提高工作效率

旅客有时并不了解值机工作的特点，加上旅客从自己的心理需要出发，有时在值机服务人员忙得不可开交的时候，旅客还会向值机服务人员提出各种问题，也有的旅客看见别人排队自己也排队，也不看清是哪个航空公司，排到自己时，就把机票往柜台里一塞，要办理登机手续，办不了还要问为什么，责怪服务人员不早说。这时服务人员一定要耐心，切不可因为这些事情打断了自己的工作进程，而产生烦恼、急躁的情绪，降低工作效率，甚至是对旅客出言不逊或指责旅客。服务人员需更多地换位思考，学会情绪管理的方法，有效地提高工作效率。

练　习

1．值机处旅客的主导需要是什么？如何满足或超越旅客的需要？

2．航空公司为何要不断推出手机、短信、移动等新的值机方式？新的值机方式对服务人员提出了哪些要求？

项目训练

【目的】

1．了解值机工作的重要性。

2．学会换位思考，培养主动、热情的服务意识。

【内容】

不是亲人胜似亲人　地服人员助盲人大爷回乡

2012年4月4日中午，无依无靠的盲人大爷阳万芳终于坐上了飞机，启程飞往家乡长沙。在座位安顿好后，老人拉住某航空公司地服部值班主任李旻的手，感激之情溢于言表。

阳大爷原来是想乘坐4月2日的航班从大连飞往长沙，不过孤身一人的他没有赶上既定的航班。幸好遇到了在机场送机的好心人米大姐，帮忙联系了地服部值机室工作人员，值机室主任汪涛热情接待了米大姐和阳大爷。了解了老人的情况后，汪涛很快帮助老人办理了4月3日的航班签转手续，留好了登机牌，并详细告诉米大姐次日如何来机场办理无人陪伴服务。

4月3日上午，好心人米大姐带老人来到值机柜台。地服部工作人员给阳大爷办理了无人陪伴手续后，工作人员和米大姐多方联系，终于查找到阳大爷在大连的二女儿的电话，但其手机一直关机，而身在长沙的其他3个女儿都表示不能去长沙黄花机场接老人。

最后，地服部联系到了老人远房亲戚陈先生，他表示愿意去长沙机场接老人。但由于陈先生回老家上坟，4月4日才能回到长沙。为了不使老人当晚滞留在长沙黄花机场，地服人员便与陈先生商量，帮助老人改签至4月4日的航班。

一切就绪后，地服部工作人员将阳大爷送到酒店，支付一切食宿费用，并叮嘱酒店工作人员要特殊照顾好老人。

4 月 4 日上午，地服部值班主任李旻指派专人到酒店接老人到机场乘机。老人到达机场后，地服部工作人员很快为老人办理好无人陪伴特殊服务手续，并安排老人在附近酒店吃了午餐。之后，工作人员带领老人通过安检，顺利登上飞往长沙的航班，李旻与客舱乘务组进行了交接后，再三嘱托乘务员细心照顾好老人。临别时，阳大爷拉住李旻的手，“感谢你们，你们都是好心人，好人一定会有好报的！”

（资料来源：http://news. carnoc. com/list/218/218983. html）

问题：

1．该地服部工作人员的哪些做法体现了积极、主动的服务意识？

2．如果你是一名服务人员，当听到旅客的连声感谢时你会有何感想？

【考核】

全班学生按 4 ～ 6 人分组进行讨论，然后选派小组代表进行阐述，允许小组成员相互补充完善，其余学生若有疑问可随时提出质疑询问，营造宽松、和谐的讨论氛围，不允许批评和嘲笑，最后教师根据学生表现进行评审打分。

序　号	项　目	权重 /%	得　分
1	观点是否正确	10	
2	理由是否充分、有说服力	40	
3	表达是否清晰、准确	10	
4	参与讨论是否积极、主动	20	
5	学习态度是否谦逊，是否能够接受意见、建议	20	
合　计			

【反思】

自我评价、学生互评或教师评估。

存在问题	解决方法

第五节　候机室旅客的主导需要及服务

一、候机室的工作内容与特殊性

候机室的服务在整个民航旅客服务过程中，是地面服务的最后一道程序。从旅客的停留服务时间上看，它比售票处、值机处服务的时间略长一点。从服务难度上看，在航班正常的情况下，候机室的服务比较容易，但当航班不正常时，候机室的服务是整个航空服务中最难的。

在航空业流行一句话："服务得再好，航班不正点，一切等于零。"这体现了航班正点服务的重要意义。但引起航班不正常的原因多达几十个，所以航班不正常又是一个"正常"的现象，航班不正常时的服务就成为民航服务的重要部分。不正常情况下的服务是航空运输服务中的难点，也是最能体现航空企业服务水准的地方。

二、候机室旅客的主导需要

1．航班正常时

当航班正常时，旅客的主导需求是飞机能够准时起飞，这对于服务人员来说很容易予以满足，所以旅客这时更多的是关注候机楼的一些硬件设施，如环境是否整洁舒适，有无休息设施，有无娱乐设施，以打发漫长的候机时间。

为了有效提升候机服务品质，吸引客源，1999 年，伦敦希思罗机场首先在帕丁顿车站设立了城市候机楼，为乘机旅客提供除安检以外基本的航空值机服务。城市候机楼与传统意义上的机场候机楼不同，没有跑道等飞行区域设施，而是建在城市里的旅客候机服务系统，是机场航空服务及机场候机楼基本功能向机场周边城市的延伸和拓展。2002 年，上海机场（集团）有限公司在上海静安寺商业区建设开通了首座城市候机楼，使得从浦东、虹桥两大国际机场出发的旅客首次尝试了在市区办票、机场登机的出行新体验。2005 年 9 月，广州白云国际机场率先在东莞建立第一个异地的城市候机楼，开启了国内机场对城市候机楼服务模式的探索。南京禄口机场是继广州白云机场后，全国第二家设立异地城市候机楼的机场。目前，我国大多数的城市候机楼都与机场实行信息共享，可为旅客提供航班动态和离港信息查询、航空客票销售、航空保险购买、乘机手续办理、候机服务、机场快线、直通巴士等基本功能，同时还配有酒店预订、为 VIP 旅客提供专用贵宾室等"一站式"航空服务，真正实现了远程登机的目标。但还不具备托运行李和安检的功能，需要托运行李的旅客还需提前到机场办理行李安检和托运手续。2009 年，14 个异地候机楼为广州白云机场输送旅客 230 多万人次，20 个城市候机楼为深圳机场带来了超过 100 万人次的客流。而南京禄口机场凭借 4 年 10 个城市候机楼的布局，83 万人次的旅客运送量，精心打造"苏南航空中心"，雏形已现。但也有尴尬，2006 年 5 月，安徽民航机场集团与芜湖国际旅行社开展合作，开通的芜湖至合肥骆岗机场的旅客直通巴士仅 2 个月后因亏损取消，异地候机楼建设流产。可以预见，城市候机楼模式将成为我国机场运营建设的新的发展方向。

2．航班不正常时

一般来讲，乘客乘坐飞机的心理需求是安全快捷，希望飞机能按时起飞，一旦听到自己乘坐的航班延误或取消时，心理的主观需求与客观现实马上相矛盾，便失去了原有的平静和平衡，随之而来的是情绪波动，心理焦虑和抱怨。这时，旅客的主导需求是迫切想知道飞机何时能够起飞，但这对于任何一位候机厅服务人员来讲，他们也不可能知道，于是旅客的主导需要不能得到满足，旅客的情绪会有较大波动，随着航班延误时间的延长，旅客的情绪由无奈、失望，到着急、烦躁，甚至是情绪的失控，这时服务人员只能用优质的服务来弥补，用真情感动旅客，获得旅客的支持和理解。

从图 4.1 的统计中，我们可以清楚地了解航班延误后旅客的需求。

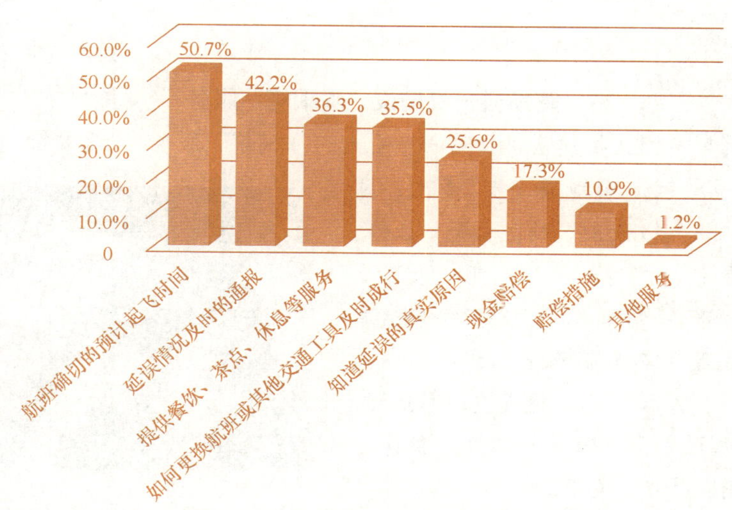

图 4.1 航班延误时旅客的需求

首先，候机厅服务人员虽然也不知道航班重新起飞的时间，但及时、准确、透明、全面告知旅客航班的相关信息，如航班延误或取消的原因、地面状况、天气情况，或是航空公司对于航班的起飞所做的工作进程等，都会在一定程度上缓解旅客的紧张情绪，旅客的愤怒往往不是来自于航班延误或取消本身，而是来源于服务人员不管不顾的态度和视而不见的服务作风；其次，全神贯注地倾听对方的诉说，尽管这样做并非易事，但这是缓解乘客情绪的必不可少的第一步，由于飞机延误或取消，乘务员要理解乘客的不满情绪，认可对方的感受；再次，要客客气气地、实事求是地向客人解释和说明，以求得客人的理解和谅解；最后，要为乘客解决一些实际困难，乘务组可根据航班延误时间的长短，为乘客提供适时、适度的服务（饮料服务、餐食服务、娱乐服务）。

三、满足或超越旅客的需要

1. 舒适的候机环境与完善的娱乐设施

旅客在等候的时候，由于登机心切，容易产生错觉，实际只等了 5 分钟，但旅客心里感觉已经等了很久，会出现一些不耐烦的心理或焦躁的情绪。所以，在候机厅要有完善的休息和娱乐设施，包括开阔的空间、足够的椅子、24 小时开水、商场、书店。世界各国纷纷打造各具特色的候机服务，如俄罗斯莫斯科谢诺梅捷沃机场的“睡眠箱”，日本东京成田国际机场一号航站楼 Juko 氧吧，加拿大温哥华国际机场的温哥华水族馆，法国巴黎戴高乐国际机场一号、二号航站楼索尼游戏区，这些候机服务不仅分散了旅客的注意力，提升了候机服务质量，同时也是每个国家、每座城市的宣传名片。

相关链接

莫斯科一机场设“睡眠箱”服务

俄罗斯莫斯科谢诺梅捷沃机场第一个引入“睡眠箱”服务，“睡眠箱”由中密度纤维板、金属和塑钢玻璃制成，长 2.5 米，宽 1.6 米，高在 2.5～3 米间。睡房可配一张铺、上下铺或三层铺，各有一个床头柜，下铺下面可以存放行李。“睡眠箱”标准配备包括通风设备、用于笔记本电脑和手机充电的电源插座、照明灯、阅读发光二极管（LED）灯，窗户装有电动百叶窗，确保私密性。整体感觉简单、实用、干净、整齐。

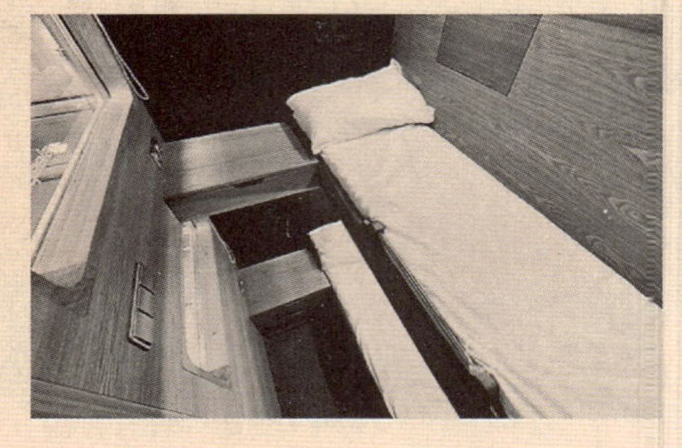

当候机室得知航班延误时，可以马上采用较灵活的服务技巧，在电视中播放一些警匪片或武打片，或一些故事情节较紧张的电视片，或是刚上映的新片，播放一段舒缓的背景音乐，然后再广播航班延误的消息，这样有利于稳定旅客的情绪，同时能转移旅客的注意力。

（资料来源：http:// travel. people. com. cn/GB/15771099. html）

2．换位思考，安抚旅客的情绪

由于航班的延误或取消，旅客会产生许多新的需要。例如，有的旅客要打长途电话，或打电报，有的旅客要离开隔离厅外出买东西，或旅客会提出其他新的要求等，对于旅客产生各种各样的需要，候机室的服务人员应该有所预见，并有所准备进行针对性的服务，最常见的是免费送餐送水，提供免费住宿及交通等，满足旅客最基本的需要。

服务人员应该有较强的服务意识，采取更主动、更热情的心态帮助旅客解决问题或满足旅客的需要。

3．准确引导“群众领袖”，获得旅客的理解和支持

航班延误以后必然会出现个别的所谓“群众领袖”。这类人物一般有两个特点，即性格气质上可能是胆汁质或多血质，较外向、冲动，心理上他们肯定有较细、较多的需求。由于这两个特点，他们在航班不正常时往往出于自己的需要会主动站出来，代表旅客来论理，甚至有过激的言行。对他们粗暴或过激的言行不要过分地计较。可以采用冷处理，而且自己的情绪千万不要受他们情绪的影响。在跟他们沟通时要注意尽一切可能不要激怒他们，尤其在语言上要用温和的语调跟他们沟通，努力用良好的服务去感化他们。

服务人员应该懂得群体理论。在航班正常时旅客是处于一个个的个体，当航班不正常时为了维护共同的利益，旅客的个体会演变形成一个群体。作为服务人员应该充分意识到这一点。由于航班的不正常，原来个体的旅客容易形成团体，一旦形成团体对民航服务工作是非常不利的，而且还会带来非常大的麻烦，面对这么多旅客，许多事情确实不好处理。当航班不正常时全体服务人员应该到现场，一是要了解掌握每个旅客的情绪；二是对个别旅客提出的要求或需求马上给予解决，只有把个体旅客的问题予以解决，才有可能防止旅客形成团体，这是服务人员必须要做的。

当面对“群众领袖”时，首先要用各种方法把他与其他旅客“迅速隔离”，请他到办公室或其他地方去，暂时与大家分离一下。这一隔离可以起到两个作用，一是让他冷静一下或者缓冲一下情绪；二是不让他影响其他旅客，以免形成群体力量。到办公室后可以请旅客坐下，从非语言的角度看，一般坐着不会太激动，人一激动就会站起来（尤其是在争吵时）。用好言好语劝他坐下来，只要他坐下来，他的情绪就有可能缓和。再为他倒上一杯热水，并送到他的手中，当他拿着水时他手的动作就不可能大，如果动作一大水就会洒在手上，这样可以起到暗示的作用。其次要采用“各个击破”的方法，尽量满足“群众领袖”的需要，因为这个群体是为了维护自身的利益而临时组织起来的，所以相互的关系非常不稳定，当“群众领袖”个人的需要得到尽可能的满足后，有的“群众领袖”就会放弃维护群体的利益，这就为民航的服务工作提供了有利的时机。

相关链接

新加坡航空公司在不正常航班方面的服务

新加坡航空公司在不正常航班方面的服务有较高的水准，并赢得了广大旅客的赞誉。在世界和亚洲的旅游商业杂志组织的多项评比中，新加坡航空公司获得了几十个“最佳”荣誉头衔，在世界航空公司中独占鳌头。其地面服务特点概括起来，主要体现在航班信息披露及时、服务工作规范和细微上。

新加坡航空公司对航班延误是这样处理的：①设立专门的延误柜台；②广播延误

的原因及时间；③在规定的时间段发送饮料券；④在延误时间将至时，进行下一次广播；⑤视延误时间长短，组织旅客到市区游览或购物（这一服务项目的开发要求得到旅行社的协助）；⑥到用餐时间发餐券，到指定餐厅用餐；⑦为孕妇、老人、小孩安排客房休息；⑧对已订好联程座位的旅客，航空公司负责为其发报通知下一站；⑨为旅客提供一次免费电话（一般为3分钟）。

而我国航空公司除以上1～4点与新加坡航空公司基本相同外，5～9点几乎没有提供类似的服务。这在一定程度上反映出我国在航班不正常情况下的服务仍在低水平上停留。就第6点而言，目前国内航空公司一般只发快餐或方便面，加上一罐饮料（也未达到原民航总局规定的标准），仅这方面的服务与新加坡航空公司比较就有差距。

练习

1．旅客在候机时的主导需要是什么？如何满足或超越旅客的需要？

2．请以你所在城市的机场为例，谈谈你对候机服务的认识。

项目训练

【目的】

1．认识到在候机服务中，航班延误或取消是工作的重难点。

2．提供力所能及的服务，安抚旅客的情绪是处理问题的法宝。

【内容】

旅客不满误机　冲上跑道拦飞机

2012年4月11日中午11时许，20余名愤怒的旅客站在机场跑道的滑行道道口，他们面前200米处，一架刚刚降落的某航空公司航班硬生生被逼停了。这些旅客原计划在4月10日乘坐某航空公司航班飞往哈尔滨，但因南京、上海两地雷雨，航班一直延误到4月11日中午，旅客一时冲动冲进了机场滑行道，拦停了飞机。

一位当时冲出登机口的乘客王小姐讲述了整个事发过程。

4月10日，某航空公司航班搭载了161位旅客飞往哈尔滨，途中经停南京机场。当晚19点30分左右，飞机广播突然通知，由于受雷雨天气影响，南京机场不具备降落条件，改为备降上海浦东国际机场。不巧的是，降落在浦东机场后，上海也下起了雷雨，起飞时间变得遥遥无期。

“广播通知，飞机稍后会再次起飞。”于是，旅客王小姐和其他旅客下了飞机，被安排在浦东机场候机楼的C222-C223登机口等待。直到22点10分，旅客们坐着摆渡车，再次登上了飞机。这让王小姐松了口气，“应该快飞了。”谁知道，一直在飞机上待到快24点时，还是迟迟不见动静。

又等了快半小时，旅客们按捺不住，骚动起来，“我们要求如果不能起飞，就安排住宿。”机组工作人员随后表示了同意。王小姐及其他旅客下了飞机，被短驳车再次拉回了C222-C223登机口。“这时却发现登机口门锁了，一群人在门外淋了半个多小时雨，才有工作人员来开门。”

一番折腾后，大约11日凌晨2点，一行人被大巴送到了附近的一个宾馆。“去宾馆的大概有近40人，很多目的地是南京的乘客因为等不及，都终止行程，自行离开了。”王小姐清楚地记得，等她安顿好躺在床上时，已经接近凌晨4点了。

11日上午9点，一辆大巴车将这些旅客再次拉到了浦东机场。经过一系列的拿取大件行李、重新安检等事项，王小姐等人再次来到了C222-C223登机口。“一直等到上午11点多，还是没让我们上飞机，工作人员一直说机组在整理机舱。”王小姐认为，这是工作人员在“敷衍”。

眼看登机口的另一架航班开始登机，被耽搁了10多个小时行程的旅客们按捺不住了。王小姐说，一行人冲出了候机楼，拎着行李箱，带着大包小包的行李，一路步行至停在远机位的某航空公司飞机旁。“只睡了2个小时，当时已在崩溃的边缘。”王小姐事后解释她的冲动，“摆渡车来来回回坐了很多次，还是飞不了。脑子里什么也没有，只想讨个说法。”

近40名旅客站在飞机下，要求航空公司的机长给个说法，但机长却迟迟没有露面。感觉被“抛弃”了的20余名旅客就冲到了一旁的滑行道上。据王小姐回忆，此时一架外国航空公司的飞机刚刚降落，还在滑行，眼看着飞机停了下来，和挡机的旅客面对面，也就相距一两百米。”不到5分钟，情绪激动的旅客们就被闻讯赶来的机场工作人员和民警带回了登机口。

上海机场表示，当时一架进港的某航空公司EY862航班沿E滑行道行至该道口约200米左右时，机组人员观察到前方异常情况后主动停止滑行，并与塔台联系，塔台指示该航空器原地等待。经劝说，该部分旅客于11点33分回到停机位，随后由航空公司摆渡送至候机楼。从机场接报至整个事件处置结束，时间约5分钟。EY862航班于11点35分继续正常滑行。“没有人会拿自己的生命开玩笑。”王小姐说，他们当然意识到冲入滑行道非常危险。但她说，由于大伯去世，她在出差途中临时订了机票，赶回哈尔滨奔丧，这才在情绪激动下做出不理智的行为，“几十人冲到跑道上的确是错误的，事后冷静下来也有人在反省。”

（资料来源：http://news. xinhuanet. com/socity/2012-04/C_111766047. htm）

问题：

1．为什么旅客会冲进跑道拦飞机？到底谁应该对整个事件负责任？

2．航班延误或取消时，候机服务人员应该如何做才能安抚旅客的情绪，杜绝类似事件的发生？

【考核】

全班学生按4～6人分组进行讨论，然后选派小组代表进行阐述，允许小组成员相互补充完善，其余学生若有疑问可随时提出质疑询问，营造宽松、和谐的讨论氛围，不允许批评和嘲笑，最后教师根据学生表现进行评审打分。

序　号	项　目	权重/%	得　分
1	观点是否正确	10	
2	理由是否充分、有说服力	40	
3	表达是否清晰、准确	10	
4	参与讨论是否积极、主动	20	
5	学习态度是否谦逊，是否能够接受意见、建议	20	
合　计			

【反思】

自我评价、学生互评或教师评估。

存在问题	解决方法

课外阅读

全球机场五花八门的特色候机服务

1．实物或现金抽奖

地点：迪拜国际机场一号、三号航站楼免税商场抽奖区。

1988年以来，迪拜国际机场票价139美元的“惊喜抽奖”活动不断变换各种类型的汽车、摩托车奖品。普通汽车奖品的中奖率为千分之一，特殊汽车奖品的中奖率则在两千分之一。最近的奖品就包括阿斯顿-马丁DB9、奔驰S500和保时捷911Carrera Coupe等世界名牌轿车，这些奖品还会免费运给中奖人。同时，在最近票价274美元的“世纪百万富翁”现金抽奖活动中，每5000人中就会有一人抽中百万元的大奖。

2．吸氧

地点：东京成田国际机场一号航站楼Juko氧吧。

这个狭小的氧吧吸引着不少希望享受自助吸氧服务的乘客。这里的罐装氧气都是带香味的，如桉树薄荷香、肉桂香等。旅客也可以任意选择，是吸10分钟（600日元）还是20分钟（1200日元）。不少顾客认为吸氧可以消除乘机时候的紧张感，可以减轻头疼或时差反应等。

3．参观博物馆

地点：位于机场一层的阿姆斯特丹国家博物馆史基浦机场分馆。

阿姆斯特丹最著名的绘画和历史博物馆——国家博物馆于2002年在史基浦机场开设分馆，开国际机场设立博物馆之先河。这里的永久藏品包括杨·施特恩（Jan Steen）、雅各布·凡·雷斯达尔（Jacob Van Ruisdael）等荷兰绘画大师的10幅作品。临时展览则主要展示从城市博物馆借来的伦勃朗（Rembrandt）等人的永久藏品。博物馆可以免费参观。

4．参观水族馆

地点：温哥华国际机场三、四层的温哥华水族馆。

乘客在温哥华水族馆机场分馆可以观赏到生活在不列颠哥伦比亚省的数百种海洋生物。位于机场三层候机大厅的水族馆，容积达3万加仑，生活着礁石栖息鱼类、海葵、海星等850种海洋动植物。机场四层容积较小的圆柱形水族馆则饲养着上百种幽浮水母。

5．观看4D电影

地点：中国香港国际机场二号航站楼4D超立体巨幕影馆。

影馆拥有亚洲最大的4D投影屏幕和360人的座位。在这里看电影除了佩戴4D立体电影眼镜之外，还可以体验到风、雾、水淋、气泡等电影特效。

6．洗牙

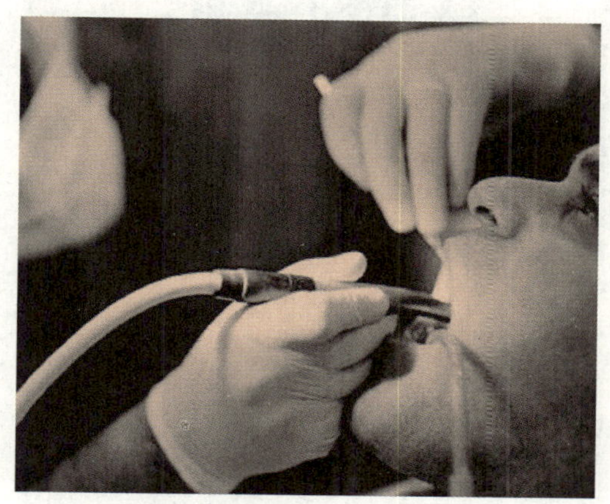

地点：巴西圣保罗国际机场二号航站楼 HC Clinica Odontológica 牙科诊所。

如果旅客错过了看牙医的时间，就可以在候机的时候到这家整洁的诊所来洗牙，做牙齿美白和牙齿 X 光检查。这些服务项目的价格为 40 ～ 60 美元，诊所的营业时间是从早 8 点到晚 8 点。

7．索尼 PS3 电视游戏

地点：巴黎戴高乐国际机场一号、二号航站楼索尼游戏区。

乘客可以在登机口附近的 73 个索尼 PS3 游戏机上打发时间。游戏区都有隔板隔开，提供了一个较私密的游戏环境。乘客们在这里可以一坐几个小时，体验索尼公司开发的《横冲直撞》、《上旋高手》、《NBA》等 20 个畅销游戏。

8．观赏恐龙化石

地点：多伦多皮尔森国际机场一号航站楼，安大略皇家博物馆陈列展。

安大略皇家博物馆提供的这两块史前恐龙化石（异特龙和奥斯尼尔龙）被摆出《侏罗纪公园》恐龙那样的造型。它们是由专业恐龙组装公司 Research Casting International 和美

国自然历史博物馆、芝加哥自然历史博物馆的技师们在不到4小时的时间里，一块骨头一块骨头拼起来的。

9．品尝土耳其冰激淋

地点：伊斯坦布尔阿塔图尔克机场的移动手推车。

比起西式冰激淋，土耳其冰激淋吃起来更加黏稠、耐嚼、有弹性。奥妙就在于它添加了从兰科植物中提取的色列普淀粉。这种在手推车上叫卖的有巧克力或香草口味，用长勺旋转搅动后交到顾客手里的冰激淋吃起来才是地地道道的土耳其味。它在当地也是一道雅俗共赏的美味。

10．观看6000年前的手工制品

地点：伦敦希思罗机场纽瓦尔路希思罗学院

在希思罗机场五号航站楼的修建过程中，一个由80名考古专家组成的考古队对希思罗机场周围250英亩（1英亩≈4046.9平方米）的区域进行了地毯式的勘探，挖掘出80 000多件中石器时代（约公元前6000年）的手工制品。包括一只约公元前3000年的手斧、青

铜时代中期（公元前1500～公元前1100年）的木碗。乘客在希思罗机场和伦敦博物馆都可以观看到这些新发掘的文物。

（资料来源：http://travel. sina. com. cn/air/2009-11-12/0945115361. shtml）

第六节　空中服务旅客的主导需要及服务

一、空中服务的工作内容与特殊性

空中服务是整个航空服务过程中的一个关键环节，处于非常重要的地位。空中服务的好与坏，乘务员的一言一行、一举一动，都直接关系到航空公司甚至国家的形象。

由于飞机航行在万米以上的高空，是一个封闭、狭小的空间，无论活动空间还是服务设施都受到一定的限制，乘务员在客舱里除了要完成客舱安全演示及安全检查、迎送客服务、餐饮服务、娱乐服务等正常的服务程序外，还要负责机上广播、回答问讯、介绍航线知识等。乘务员会充当多种角色，是老年人的好女儿、小旅客的好姐姐、病患者的好助理、残疾人的好帮手，以及乘机旅客的好向导。

二、空中服务旅客的主导需要

随着社会的发展、人们生活节奏的加快、收入的增加，越来越多的出行者选择航空运输，显然与公路运输、水路运输和铁路运输相比而言，航空运输的费用是最高的，但人们更多的是关注它的安全、快速、舒适等，旅客在乘坐飞机时大致有以下4种需要。

1. 安全需要

安全需要是人的本能需要。特别是第一次坐飞机的旅客，除了新鲜好奇外，本能的安全需要更加强烈，甚至要求身边有服务人员陪伴，有依赖的心理，特别是遇到气流，飞机在空中上下颠簸，起飞、下降过程中，多数的旅客会产生恐惧的心理。

2. 航班时间的需要

旅客选择乘坐飞机，图的是快捷、方便，因此，旅客非常需要航班准时正点，一旦出现航班延误或者取消，容易出现急躁情绪，如果服务不到位，容易形成激烈的矛盾冲突。

3. 舒适的需要

随着人们对生活品质的要求越来越高，旅客在花费了比火车票、汽车票更高的价位购买机票后，就需要有等值的服务，他们不仅要求环境干净、座位舒服、饭菜可口，而且还要求服务人员美丽端庄、举止优雅、热情大方、富有亲和力，这才能达到舒适的需要。

4. 自尊的需要

随着社会的进步，生活水平的提高，旅客在空中交往中除了相应的物质享受外，同时需要一种精神上的享受，即自尊的享受，希望服务人员尊重他，尊重他的人格。

三、满足或超越旅客的需要

由于乘客的职业、身份、年龄不同，服务需求也不同。在与旅客短暂的交往中，乘务员应学会随时运用敏锐的洞察力，通过旅客的着装、表情、言谈、举止，洞悉旅客的个性和心理需求，从而在服务工作中有针对性地提供相应的服务项目，达到让旅客满意的目的。

1. 严格执行工作流程，确保旅客生命财产安全

保证客舱安全和提供优质服务，是乘务人员两项最重要的工作。这看似简单，其中却包罗万象。要想做好这两项工作中的任何一项，都需要严格遵守制度，认真执行规章，仔细为旅客服务。保证客舱安全和提供优质服务是统一的、密不可分的，安全是基础、是前提，确保旅客安全是法律赋予乘务员的最高职责，没有客舱安全，就没有客舱服务。

在乘务员登机后，按照各自岗位分工，认真进行客舱设备检查，包括检查应急设备及服务设备是否处于完好状态，并按照逐级汇报制度，各岗位乘务员将客舱检查情况，是否处于适航状态报告给乘务长，乘务长再将情况向机长汇报，若在检查中出现问题，由机长统一与地面相关人员协调解决。逐级汇报制度既是乘务组信息畅通无阻的保证，更是安全运行的重要前提。

在旅客登机后，要进行客舱安全演示及安全检查。若有录像设备，可以直接向旅客播放乘机须知和应急设备使用方法。若没有录像设备，乘务员在关闭机门以后，要向旅客进行救生衣、氧气面罩、安全带的使用方法，以及应急出口、撤离路线、《安全须知卡》的位置的演示。为了吸引旅客的注意，认真观看安全演示，一些航空公司让乘务员采用载歌载舞的形式来表现，深受旅客的欢迎。

相关链接

空姐跳舞演示安全须知

在2012年6月16～22日的亚洲沙滩运动会期间，某航空公司的空姐，上身穿修身短袖T恤，下身穿橘红色运动短裙，头上挽起高高发髻，伴随着欢快的韵律，两位空姐在机舱中大秀动感舞蹈，手里随时变换着安全带、氧气罩等安全设施，边跳边演示。机舱里的乘客举起手中的相机记录下了空姐们的动感一刻。

2．严格按照检查标准，分阶段进行客舱安全检查

对于乘务员来讲，做好客舱安全工作，是整个乘务工作的首要任务，没有安全，就没有服务质量。客舱安全检查可以分为4个阶段，包括起飞前、飞行中、降落前和落地后。每一阶段客舱检查的内容是不同的，经过认真检查，乘务员要确认旅客及各种设施符合安全规定。乘务员应学会眼观六路，耳听八方，充分发挥自己的听觉、嗅觉、视觉等感官功能，运用“望、闻、问、切”等方法，及时了解客舱安全方面的信息，发现安全隐患，将不安全因素消灭在萌芽之中。“望”，就是要求乘务员要有一双慧眼，善于观察，善于发现安全问题；“闻”包含着“听”和“嗅”两层含义，乘务员在安全检查时通过听觉来辨别异常声音，如异常的响声，运用嗅觉闻出异常味道，如焦味、烟味等；“问”是安全检查的一个重要步骤，通过“问”及时向机组其他成员或旅客了解情况；“切”是安全检查最重要的工作，乘务员发现安全问题后，应及时提出解决方案，采取有效措施进行处理。

3．具备处理突发事件的素质与能力

美国国家运输安全委员会前代理主席罗森克（Rosi.nk）曾经说过：“外界有个认识误区，认为空难的生还率很低，那是不正确的，其实概率很高。”许多航空专家认为，抓住黄金90秒飞机事故生还率95%，而这一切完全取决于乘务员的素质与能力。

（1）乘务员要具备过硬的业务素质

乘务员必须熟悉航空器内舱的结构设计，特别是应急设计，熟练掌握紧急门的操作和紧急情况下的撤离程序，熟练掌握灭火器、氧气瓶和紧急救生滑梯、救生衣、救生船的使用方法，做到紧急情况下沉着、稳重、处事果断、措施得力。一旦发生紧急情况，熟练的操作会给旅客的安全撤离争取宝贵的时间。

（2）乘务员要具备沉着冷静、清醒镇定的心理素质

乘务员必须注重平时对心理素质的培养，特别是在紧急情况下乘务员应该具备不慌乱，保持沉着冷静、清醒镇定的心理素质。这是乘务员对情况做出准确判断，并采取迅速行动的重要前提。它不仅能够起到安抚旅客情绪的作用，而且也是让旅客配合乘务员做好撤离工作

的重要条件。飞机一停稳，乘务员需要沉着冷静地立即打开紧急逃生通道，在90秒的时间里，疏导惊慌失措的乘客逃离可能爆炸的飞机，这充分说明乘务员的心理素质应该是非常优秀的。

（3）乘务员要具备果断的决策能力

乘务员在紧急情况发生时，除了保持沉着冷静之外，还要结合掌握的业务知识，迅速果断地对情况做出准确判断，判断是否需要撤离，并在此基础上确定撤离的方法。毫无疑问，果断、迅速的决断是实现快速撤离的重要条件。

（4）乘务员要具备优秀的组织能力

在紧急情况发生时，客舱场面比较混乱，有些旅客不一定听从乘务员的指令，这时乘务员必须及时转变角色，由服务角色转变成现场的指挥者。在转变过程中，乘务人员的组织能力就起着非常重要的作用。因为这一关键时刻，乘务员是组织旅客撤离的实施者，是保证旅客安全的卫士。所以，乘务员必须具备很强的组织能力，不仅要组织好旅客，控制旅客情绪，而且要维持客舱内的秩序，这是把伤亡率降到最低的关键所在。

（5）乘务员要具备强烈的团队精神

紧急情况发生时，乘务员能够迅速形成默契，团结起来，保持思想与行动的一致性是至关重要的。它表现在，明确各自负责的部位和职责，大家相互协作，相互配合，从而保证组织撤离的高效率。

练　习

1．在空中服务过程中，旅客的主导需要是什么？如何满足或超越旅客的需要？

2．保证客舱安全和提供优质服务，是乘务人员两项最重要的工作。要完成好这两项工作，乘务员应该具备哪些素质和能力？

项目训练

【目的】

1．强化乘务员的安全防范意识。

2．增强乘务员的工作责任感和严谨的工作态度。

【内容】

错将逃生门当作厕所门，三亚一旅客误放滑梯

2012年3月28日，某航空公司从三亚凤凰国际机场（以下简称“三亚机场”）起飞的“三亚—重庆—乌鲁木齐”航班上，一女乘客误将逃生门当厕所门打开，致使飞机滑梯释放，飞机不能正常飞行。

该女士说，她是重庆永川人，第一次和丈夫坐飞机到三亚旅游。据回忆，当时飞机刚刚在跑道上滑行，考虑到飞机的行程可能要两个多小时，便打算先去上个厕所。但因第一次坐飞机，不知道厕所在哪，走了一遍都没找到，其丈夫告诉她一直往后面走就对了。她

走到机舱尾部还是没有找到厕所。这时，她看见机舱尾部座位上有两名空姐，便上前询问“厕所在哪里？”而后，对方告诉她，“往右走，扭开门就对了。”随后，她走到一扇门前，将门上的一个红色把手扭开了。这时，突然传来了“砰”的一声巨响，逃生门便打开了。

“当时我都不知道发生了什么事，门打开后，旁边的空姐就对我说，‘你怎么把这个门打开了啊，惹大麻烦了！’”她指着自己的双腿告诉记者：“现在我的腿还发软！”据该女士回忆，事发后，才知道原来自己打开的不是厕所门而是逃生门，导致飞机不能正常起飞。随后，民警将她带到派出所要求协助调查。

飞机逃生门被打开后，机上100多名乘客被迫下飞机返回候机大厅。经故障检查和排除后，130名旅客再次登上航班，于当天13点36分从三亚机场起飞。但仍有19名旅客担忧该航班的安全，拒绝登机，并要求得到相应赔偿。

这些滞留的旅客表示，大家都吓坏了，飞机上老的老小的小，他们不敢再次乘坐该航班返回重庆。“万一逃生门在空中又被打开了，怎么办？”最后，经协商，航空公司同意了他们改签航班的要求，但拒绝赔偿。

（资料来源：http://news. carnoc. com/list/218/218377.html）

问题：

1．在该事件中，你认为谁应该承担主要责任？为什么？

2．通过此次事件，我们应该吸取哪些经验教训？

【考核】

全班学生按4～6人分组进行讨论，然后选派小组代表进行阐述，允许小组成员相互补充完善，其余学生若有疑问可随时提出质疑询问，营造宽松、和谐的讨论氛围，不允许批评和嘲笑，最后教师根据学生表现进行评审打分。

序　号	项　目	权重/%	得　分
1	观点是否正确	10	
2	理由是否充分、有说服力	40	
3	表达是否清晰、准确	10	
4	参与讨论是否积极、主动	20	
5	学习态度是否谦逊，是否能够接受意见、建议	20	
合　计			

【反思】

自我评价、学生互评或教师评估。

存在问题	解决方法

课外阅读

空中乘务员的由来

埃伦·丘奇（左一）与同事的合影

在民用航空业的发展史上，世界上第一个定期商业航班出现在1914年1月1日。提供航班服务的公司叫做圣彼得斯堡／坦帕水上飞机公司，它用一架双座水上飞机提供从美国佛罗里达的坦帕飞往圣彼得斯堡的服务，航程35千米，飞行时间23分钟，这就是最早的民用航班。而最早的乘务工作则是由副驾驶来兼任的，其时间是从1919～1930年，长达21年。乘务工作发生变化是在1930年5月，当时的美国波音公司驻旧金山董事S.A.斯廷帕森（S.A.Stimson）偶然去一家医院看朋友，随后同该医院护士埃伦·丘奇小姐聊天。埃伦好奇地向他询问飞机上的有关事宜，史蒂夫遗憾地表示，由于旅客们大都对飞机的性能不了解，为安全起见，他们喜欢坐火车，而不愿意乘飞机；即使在飞机上的少量乘客中，也是什么样的人都有，需要各种服务，副驾驶员一个人实在忙不过来。埃伦不由得想起她所照料的那些病人，便提出自己的想法，建议航空公司雇用一些女乘务员来担任服务工作，因为姑娘们天生心细，是可以改变这一现状的。这个建议得到了史蒂夫的认同，并很快给波音公司主席的年轻助手发了一封电报，提议招聘一些聪明漂亮的姑娘充当机上服务员，还给她们起了个美名——“空中小姐”。

公司主席很快便采纳了史蒂夫的意见，还授权他率先招收8位姑娘，建立一个服务机组。史蒂夫高兴地将这一消息告诉了埃伦小姐，埃伦又高兴地将这一消息转告给了其他一些护士们。于是，不到10天，埃伦和另外7名护士就登上了民航飞机，并于5月15日开始飞行在旧金山至芝加哥的航线上，从而成了全世界第一批“空中小姐”。首次从医院的女护士里招收了第一批专业乘务员后，航空公司的经济效益即发生了戏剧性的增高，这一做法因此很快风行世界各地，各国航空公司竞相效仿，招收年轻漂亮的姑娘来为旅客服务。“空姐”也便迅速发展为一种全球性的新兴职业，这就是最早空中乘务员的由来。

从护士中挑选乘务员的另一个原因，是因为过去飞机的设计和飞行技术等条件有限，造成飞机在飞行过程中产生众多不安全因素，如颠簸、摆动引起了旅客呕吐、晕机、休克等各种飞行生理不适状态。而处理这些病症的人士当然最好是经过医疗、急救训练的专业医护人员，他们具备相当的医务知识和应急能力，能够及时并准确地采取措施来保障旅客的生命安全。这些原因使得早期运营的航空公司愿意招募护理人员来从事航空服务。可现今随着飞机制造业和科学技术的不断发展，飞机在其稳定性、操作性、飞行高度和技术上都有了突飞猛进的进展，尤其是雷达和电子技术的出现，全面改善了飞行的条件。现今的各种民用飞机在非特殊条件的影响下都能保证非常平稳、安全的飞行，因此招募乘务员的条件也跟着其职业特点的需求而发生了变化，仅仅依靠护理型的服务已不能完全满足航空发展和旅客的需要。各航空公司根据飞行技术和条件的改变对空中服务也有了更高的要求，并根据行业自身的特点逐步建立了一系列的职业培训项目和招聘标准。

（资料来源：杨怡．2009．民航乘务岗位技能实务（上）．北京：中国标准出版社）

第七节　行李提取处旅客的主导需要及服务

一、行李提取处的工作内容与特殊性

行李运输是旅客运输工作的组成部分，它是随着旅客运输的产生而产生的。行李运输作业线长、面广、环节多。行李运输的顺利完成，还需要值机、行李分拣、运输装卸、行李交付及行李查询等各部门的共同努力。行李运输在旅客运输中占据非常重要的地位，旅客旅行是否成功，往往还取决于旅客所携带的行李物品运输的完好性和准时性。这是因为行李本身不仅有价值，而且更重要的是，它体现旅客旅行的目的，关系到旅客旅行任务的完成和生活的需要。

相关链接

日本机场创意无限　行李传送带变身旋转寿司

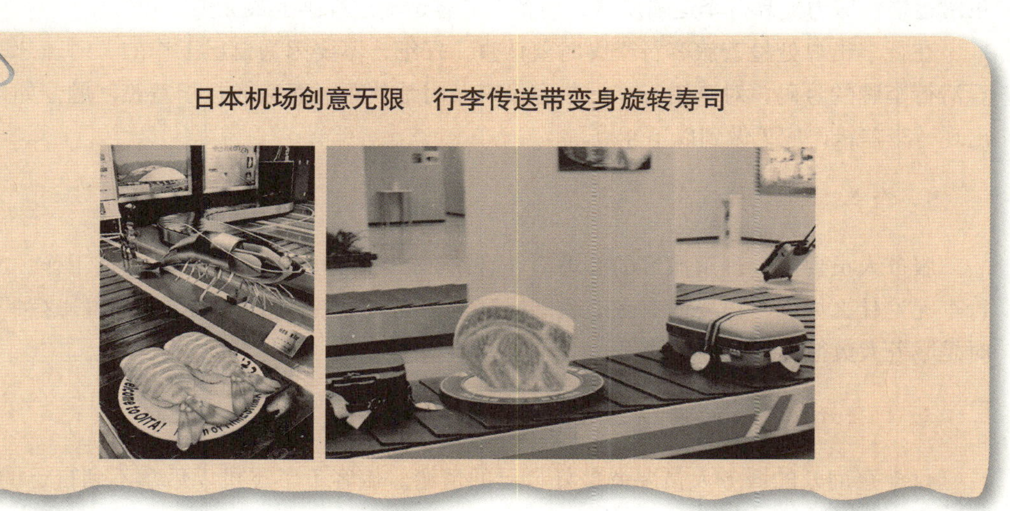

下了飞机等待领取托运行李时，迎面而来的却是大虾、带鱼和霜降牛肉——这一幕出现在日本九州地区的大分及宫崎机场，旅客们可以在行李提取处欣赏到当地特产食物的模型。

位于大分县国东市的大分机场早在2007年就开始尝试将巨型寿司模型与行李一起放在传送带上。该机场今年又在行李提取处新放了大虾、带鱼等大份海产品的特大不锈钢制食品模型。带鱼模型长约5米，大虾模型长约3米，连虾须都制作得极为精巧。

位于宫崎县的宫崎机场则开始在传送带上展示宫崎牛肉及成熟金橘等塑料模型。模仿宫崎牛里脊肉制成的模型高约40厘米，肥瘦纹理都模仿得惟妙惟肖。据悉，相同大小实物的重量约为20千克，价值约30万日元（约合人民币2.3万元）。机场甚至接到过将其误认为实物的问询，宫崎县相关负责人表示“下次将挑战芒果的食物模型”。

（资料来源：http://news.carnoc.com/list/217/217299.html）

二、行李提取时旅客的主导需要

一般来说，到了行李查询这个阶段，旅客对行程的需求已经基本得到满足，随之而来的是对自己的行李安全的需求。随着客运量逐年上升，加强行李运输管理、预防行李运输差错事故的发生，已成为提高航空客运质量的重要环节。

三、满足或超越旅客的需要

行李运输工作人员应以认真、负责的工作态度，严格遵守行李运输规章制度，掌握行李运输专业知识，熟悉行李运输的规定，安全、迅速、优质地运送行李；正确处理行李不正常运输，努力提高行李运输质量，使整个旅客运输过程画上最完美的句号。

在行李出口处检查旅客行李牌时要认真、仔细，不要因为自己工作的一时疏忽，没有看清行李牌的号码，对拿错行李的旅客没有及时地纠正，而造成行李差错问题。如果一旦出现行李差错，应该做到以下4点。

1．学会换位思考

服务人员要充分理解旅客的心理，并且站在旅客的角度对待行李的查询工作。旅客的行李无论什么原因，只要没有跟航班同时到达，都会给旅客带来很大的不便。这种不便有时是服务人员很难想象得到的。

2．调整好自己的情绪

行李查询处的服务人员要调整好自己的情绪。旅客下了飞机以后拿不到自己的行李，本身的情绪就非常不好，如果服务人员的情绪再调整不好，就会在工作中与旅客发生冲突。为此，服务人员一定要调整好自己的情绪，面对没有拿到行李的旅客的过激情绪或行为，一方面要给予理解，同时要让自己的情绪不受旅客情绪的影响。同时，作为服务人员要知道，尽管这些行李差错是始发站机场的原因，作为到达机场的服务人员确实是无法知道旅客行李交运的情况。但旅客并不会理解，尤其是国内航班，在旅客心中民航是一家，不可能原谅行李差错的原因。所以，服务人员一定要调整好自己的情绪，不能因为当前的结果不是自己造成的而感到委屈，更不能把这一心理或情绪延伸到自己的言行中，给工作带来不必要的麻烦。

3．感化旅客

用自己积极的工作态度与服务来感化旅客。面对行李晚到、漏装、运错地方的旅客，只有用积极的态度与热情的服务来弥补，除此以外别无办法。对于旅客，最好、最满意的服务就是马上帮他们联系、寻找。因此，民航行李处服务人员应该针对旅客这一心理，马上与始发站联系查找行李的下落，适当的时候可以把拍发的电报、传真给旅客看，以表示在积极地为旅客寻找行李。一旦有消息马上跟旅客沟通，这样可以使旅客的心理得到平衡或安慰。

4．适当的赔偿

适当的赔偿是行李查询服务的难点。从理论上说，适当的赔偿似乎很容易，但在实际工作中很难掌握好。这一问题的难点在于，一方面对于给付旅客的赔偿，民航有一定的明文规定，作为一般的服务人员没有权力突破规定；另一方面，民航给付旅客的赔偿数额往往又无法满足旅客的心理价位，令旅客感到不满意。所以在服务过程中行李赔偿问题常常成为矛盾的激化点。

如果是航空公司方面的原因对旅客的行李造成延误，应由航空公司对旅客提供一笔临时生活费用。同时，航空公司也应及时与有关部门联系，安排下个航班及时将旅客的行李运抵目的地。

练　习

1．旅客在行李提取时的主导需要是什么？如何满足或超越旅客的需要？

2．如果出现行李差错，服务人员应该如何应对？

项目训练

【目的】

1．提升服务意识，关注服务工作的细节。

2．培养服务创新精神。

【内容】

小举措有大作用　东航上海保障部服务有亮点

东航上海保障部浦东行李服务中心服务工作坚持以旅客需求为导向，创新管理机制，强化品牌建设，工作中呈现诸多亮点。

1．“小蜜蜂”循环广播

“乘坐东航 MU5464 来自三亚的旅客请注意：请您在 3 号传送带等候提取托运行李，提取行李时请您仔细核对行李票号码……”行李提取区传来的广播音是转盘巡视人员的声音，这也是上海保障部浦东行李服务中心推出的“小蜜蜂”广播服务，每逢显示屏上显示航班到达时，员工们总会带好记录本、扩音器和耳麦来到转盘边，面向旅客走来的方向站好，用规范化的用词将航班号、转盘号向旅客们播报。

受限于上海浦东国际机场的设施问题，有时旅客提取行李信息不明晰，没有安装区域广播，给旅客带来不便。为了在现有设施设备运行的基础上让旅客少一些怨气，多一份满意，行李查询分部积极想办法提高服务质量，用音响效果较好的扩音设备，为进港旅客提供广播服务。

据悉，为了让广播更规范统一，查询分部的员工们还将专门针对行李达到、行李更改传送带、行李延迟到达、行李未随机到达等情况撰写广播词，便于在进港大厅向旅客提供规范广播。

2．到达行李竖起放置

如何让到达旅客在行李转盘处快捷、方便地提取行李，行李运输分部本着为旅客服务的宗旨，于日前推出分卸行李时手柄朝上的服务新举措。具体说来就是分卸行李时手柄朝上；有手柄的行李必须做到手柄朝上放置；对于单个行李有两个手柄的，保证其中一个手柄朝上；行李分卸结束，留守人员必须整理行李，保证行李手柄朝上。

优化后的流程实现了服务的全方位提升，看似小小的一个变化，带来的却是不小的变化，自此项服务实施以来，行李破损率降低了不少，然而大伙儿的劳动强度却直线上升，但是看到旅客能在最短时间里提取到自己的行李，累些苦些也很值得。

（资料来源：http://news. carnoc.com/list/215/215408. html）

问题：

1．东航为什么要推出这两项小举措？你从中得到什么启发？

2．假如你是一位服务人员，你有何建议？

【考核】

全班学生按 4 ～ 6 人分组进行讨论，然后选派小组代表进行阐述，允许小组成员相互补充完善，其余学生若有疑问可随时提出质疑询问，营造宽松、和谐的讨论氛围，不允许批评和嘲笑，最后教师根据学生表现进行评审打分。

序　号	项　目	权重 /%	得　分
1	观点是否正确	10	
2	理由是否充分、有说服力	40	
3	表达是否清晰、准确	10	
4	参与讨论是否积极、主动	20	
5	学习态度是否谦逊，是否能够接受意见、建议	20	
合　计			

【反思】

自我评价、学生互评或教师评估。

存在问题	解决方法

第五章　民航服务中的客我交往

民航服务工作从本质上说是一种与人打交道的工作，是通过人际交往实现的。民航服务中主要的人际交往是客我交往，它是民航服务的先决条件和存在方式。只有正确对待和处理好民航服务中的客我关系，才能确保客我双方获得满意的服务效果，真正实现优质服务。

知识目标

- 理解民航服务中客我交往的含义与特点。
- 理解客我交往的心理效应，克服客我交往的心理障碍。

能力目标

- 会正确处理客我交往中的冲突。
- 构建良好的客我关系。

第一节　客我交往概述

一、客我交往的含义与特征

1．客我交往的含义

在民航服务过程中，客我交往是人际关系中的一种特殊形式，是指民航服务人员同旅客之间为了沟通思想、交流感情、表达意愿、解决旅途中共同关心的某些问题，而相互施加影响的过程。民航服务客我关系的主体是服务人员，客体是广大旅客。民航服务效果主要取决于服务人员，他们是代表民航企业来接待旅客的，处理好客我关系，是让旅客满意的必要前提，是让企业蓬勃发展的有力保障。

民航服务中客我交往的形式主要分为直接交往和间接交往两种。其中，直接交往是运用语言、面部表情、身体语言等交际手段所进行的面对面的心理接触。间接交往是借助于书面语言、大众传媒、通信技术手段等所形成的心理接触。民航服务过程中两种交往形式同时存在，以直接交往为主。

2. 客我交往的特征

在民航服务中，由于民航服务人员的特定角色和旅客的特殊性，使得民航服务中的人际关系具有一定的限制与约束。具体而言，其主要特点表现为以下 5 点。

（1）短暂性

由于民航服务本身的特点，旅客从购票、候机、登机飞行直至达到目的地，一般时间不会太长，形成了民航服务交往频率高、时间短的活跃局面。尽管在机场候机的时间比较长，但客我交往接触的时间还是比较少，相互沟通、熟悉、了解的机会也极少。这一特点要求民航服务人员应注意给客人留下良好的第一印象。

（2）公务性

在一般情况下，民航服务人员与旅客的接触应只限于客人需要服务的时间和地点，否则就是一种打扰客人的违规行为。客我之间的接触只限于具体的服务项目而不应涉及个人关系，由于客我交往的短暂性，更不可能了解客人的全部情况。因此民航服务中的客我交往，主要是公务上的需要，而不是一种个人感情、兴趣和爱好等方面的需要。

（3）主观性

由于民航服务人员和旅客心理上的独立性，往往在一些问题上出现不一致的情况，如何处理这些问题，交往主体常常根据自己的经验和已掌握的资料进行主观判断和认定，这就容易违背客观实践性原则，影响交往的效果。

（4）不对等性

民航服务中的客我关系不同于日常生活中的人际交往关系。日常生活中的人际交往关系是对等和平等的，交际主体可以自愿选择交际客体，也可以自愿结束一种交往关系。而服务过程中客我之间的接触通常是一种不对等的过程。这种不对等的接触，指的是只有客人对服务人员下达指令、提出要求，而不存在相反过程的可能。因此客我关系是处于一种不对等的状态上。对于一些传统观念较深的服务人员，常常由于不能正确理解和处理这种不对等关系而陷入自卑或逆反心理状态，给民航服务企业管理和服务质量造成消极影响，不利于民航服务企业的声誉。

（5）不稳定性

民航服务是一种人与人面对面的交往活动，由于服务人员的个人素质、能力、性格上的差异及旅客社会地位、经济状况、文化背景和情绪变化的区别，同一服务人员在不同的时间、地点，向不同的旅客提供同一服务服务项目，往往会产生截然不同的服务效果。同样的，同一旅客在不同时间、地点，接受同一服务人员提供的服务项目，通常也会有不同的感受和评价。这就导致客我交往的结果具有不稳定性。

二、客我交往的心理效应

在民航服务客我交往中，服务人员与旅客相互形成正确、良好的印象是协调关系的基础。作为交往主体的服务人员更应该在与旅客交往的过程中展示自己最好的一面，给旅客留下良好的第一印象。为此，民航服务人员就有必要了解客我交往过程中的各种心理效应，把握好自己的言行、态度、情绪，与旅客和谐相处。这些心理效应，在人际印象的形成中既有有利的一面，也会产生一些消极的影响，这些心理效应主要有4种。

1. 首因效应

在人际交往中，人们对于交往对象或者接触的事物所产生的最初印象就是第一印象，也称为首因效应。良好的第一印象是架起交际桥梁的基石。民航服务人员在与旅客初次见面时，服务人员的表情、姿态、身体、仪表和服装等都会形成旅客的第一印象，在客我交往中第一印象往往起着决定性的作用，一旦形成，就不容易改变。第一印象会一直影响着以后的交往过程，好的第一印象很容易让对方信任，并且在今后的交往中更加容易协调。即使后来的印象与第一印象之间有差距，旅客仍然倾向于服从第一印象。因此，在民航服务中服务人员应该尽量留给客人良好的第一印象。

相关链接

给他人留下良好第一印象的三大关键因素

媒体策划专家有一句名言：要给人好印象，你只需要7秒钟。通过大量的分析，研究者们成功描绘出影响第一印象形成的三大关键因素。

第一印象的形成有一半以上的内容与外表有关。不仅是一张漂亮的脸蛋就够了，还包括体态、气质、神情和衣着的细微差异。

第一印象有大约40%的内容与声音有关。音调、语气、语速、节奏都将影响第一印象的形成。

第一印象中只有少于10%的内容与言语举止有关。

实验显示，见到一个陌生人时，你头发的样式比面部特征更能吸引对方的注意。长发暗示着健康和性感，短发看起来自信而成功，自然、中长、没有特定款式的发型，则让人感觉智慧和真实。此外，握手也能传递重要信息。研究发现，那些握手时目光和你直接接触、手掌干燥、坚定有力、自然摆动而不是无力、潮湿、试探性的人，不仅能让你对他感觉良好，还将取得你的信任。

2. 晕轮效应

晕轮效应常表现在一个人对另一个人（或事物）的最初印象决定了他的总体看法，而看不准对方的真实品质，形成了一种好的或坏的“成见”，所以晕轮效应也可以称为以点概面效应。在民航服务工作中，旅客对民航服务人员和航空公司某些方面有较清晰鲜明的印象后，影响到他们对服务人员和航空公司其他方面的理解和评价；或者是对民航服务人员和航空公司有了整体印象后，影响到这二者具体方面的评价。

旅客对民航服务人员和航空公司的晕轮效应，并非全面，也并非正确，但它对旅客评价民航服务和与民航服务人员交往时有十分重要的作用，如果旅客认可了民航服务人员的服务，所形成的晕轮效应会遮掩服务人员的某些失误，也使服务人员有机会对自己的失误加以弥补。如果旅客不认可服务人员的服务，其晕轮效应则会遮掩服务人员的优点，而“放大”服务人员的细小失误。

3. 否定后肯定效应

客我交往中有一种“否定后肯定效应”，即如果人们先对某人做出否定的评价，而后来的事实证明这种评价是错误的，那么，人们会对此人做出更高的评价。这就是说，如果没有原先的否定，也不会对此人做出如此高的评价。

产生“否定后肯定效应”的条件是先有一件事，使人们对某人做出了否定的评价，后来又发生了一件事，使人们认为应该改变对此人的评价。所以，当我们由于某种原因而出现失误，使别人对我们做出较低的评价时，我们绝不应该“心灰意冷”和“一蹶不振”，而要想方设法弥补过失，挽回影响，重新赢得旅客的满意。

4. 角色扮演效应

在社会心理学中，“角色”是指一个人在特定的社会和团体中占有的某一特殊位置，以及被社会和团体规定了的行为模式。它是人们对具有特定身份的人的行为期望，它构成社会群体或组织的基础。

角色包括以下4个含义。

（1）角色是社会地位的外在表现

如果你担任了空中服务人员的角色，那就意味着你在民航服务交往中处于服务人员的地位，而当你以旅客的角色乘坐飞机时，你就在民航服务交往中处于旅客的地位。

（2）角色是人们的一整套权利、义务的规范和行为模式

民航服务人员有职业所赋予的权利和义务，旅客有消费者的权利和义务，不同的权利、义务形成了不同的行为模式。

（3）角色是人们对于处在特定地位上的人们行为的期待

由于空乘人员职业的特殊性，人们对空乘人员都有美丽、大方、善解人意、服务周到、热情等期待。

(4) 角色是社会群体或社会组织的基础

在社会中，任何一个人都不可能仅承担某一种角色，人们的交际关系往往和所扮演的角色密不可分。在民航服务交往中，服务人员与旅客都是凭借各自所扮演的角色进行交往的，因此交往关系要受到这种角色的制约。

人与人应该是平等的，但这并不意味着当人们扮演着不同角色来进行交往时，总可以“平起平坐”。从心理学的角度来看，人与人之间的“平等”是由人与人的“互相尊重”来体现的，而不是由不分场合的“平起平坐”来体现的。

民航服务客我交往中，旅客和民航服务人员之间的接触就是一种不对等和不平衡的过程。在这种接触过程中，旅客是服务指令的下达者，服务人员则是服务指令的服从者。旅客可以要求服务人员做些什么，而服务人员却不可以这么做。这种不平等的关系可能会让一些传统观念较深的服务人员感到自卑，尤其是当旅客在言语或行动上稍有不当时，或者当这些服务人员在社会上听到些不正当的言论时，不平衡的心理便更加强烈，甚至在工作中与旅客发生冲突。因此，服务人员必须意识到自己在客我交往中扮演的是服务人员的角色，正视这种“不对等”是角色间的不对等，而不是说扮演这种角色的“人”有人格上的不平等。正是由于这种不平等的存在，社会才存在，民航服务才存在。

三、客我交往的心理障碍

在民航服务人员与旅客交往中，有些服务人员由于对客我交往的本质缺乏正确的认识，对待服务工作缺乏正确的态度，在交往中常表现出一些心理障碍，妨碍服务工作的顺利进行。下面列出几种常见的心理障碍及克服方法。

1. 自我中心

有些服务人员在工作中凡事以自己的需要和兴趣为中心，只关心自己的利益得失，而不考虑旅客的兴趣或利益，完全从自己的角度、自己的经验去认识和解决问题，认为自己的认识和态度就是他人的认识和态度，而且他们固执己见，不容改变自己的态度，盲目坚持自己的意见。这样的服务态度必然会引起客人的不满，引发客我冲突。

对有自我中心这种心理障碍的服务人员人来说，应该学会让步，学会尊重、关心、帮助他人，这样才可获得他人的回报，从中也可体验工作的价值与幸福。还要加强自我修养，学会控制自我的欲望与言行。

2. 自卑

自卑即对自己的知识、能力、才华等做出过低的估价，进而否定自我。也有些服务人员因对工作性质的错误认识而产生自卑心理。自卑的服务人员在客我交往中，虽有良好的愿望，但是总是怕被别人的轻视和拒绝，因而对自己没有信心，很想得到别人的肯定，又常常很敏感地把别人的不快归为自己的不当。有自卑感的人往往过分地自尊，为了保护自己，常表现得非常强硬，难以让人接近，也有的人表现的唯唯诺诺，不能主动为客人服务，使得客我关系陷入僵局。

要克服和预防自卑心理，首先要敢于正视自己的不足。其次要注意不可对自己提出过高的要求，在选择目标时除考虑其价值和自身的愿望外，还要考虑其实现的可能性。最后要锻炼自己的心理承受能力，不要因为一次失败而一蹶不振，或因自己某一方面的过失而全盘否定自己。

3．羞怯

有些服务人员在工作中过分约束自己的言行，不能或不敢充分地表达自己的思想和感情，从而阻碍了客我交往的深入发展。他们过度在意“自我形象”，唯恐言行有误，被他人耻笑，导致心理负担过重、作茧自缚、举步维艰，整日陷入紧张羞怯之中。最终影响服务工作的质量。

要想克服羞怯，应主要从以下几个方面做起。首先，正确认识自己，承认羞怯是自己的弱项，承认他人的长处，这样当别人注意到你的这方面时，才不会紧张或刻意地掩饰自己，才能采取随和的态度。其次，要学会尊重别人，为人要热情、开朗，做出乐于与人交往的表示。再次，要关注他人。要留心他人的行动和爱好，了解对方对什么样的话题、行为最感兴趣。这样，与人交往时就能投其所好，使人觉得你容易接近。

4．孤僻

孤僻常表现为独往独来、离群索居，对他人怀有厌烦、戒备和鄙视的心理；凡事与己无关、漠不关心，一副自我禁锢的样子；如果与人交往，也会缺少热情和活力，显得漫不经心、敷衍了事。克服孤僻心理的关键在于打破自己设置的心理障碍，用坦荡、真挚的情感去赢得旅客、同事的理解和友谊。

5．讨好

个别服务人员往往出于功利性目的，讨好旅客、阿谀奉承、曲意逢迎。这种行为会引起旅客的反感，使正常的交往难以进行。克服这种心理障碍，服务人员应端正自己的价值观念，提升服务意识，对客人一视同仁。

6．干涉

有的服务人员在与旅客交往中，喜欢探听、传播旅客的私事，以满足自己的好奇心。这种行为往往会引起旅客和同事的厌恶，造成客我矛盾。

练　　习

1．在民航服务中，客我交往有哪些特征？

2．客我交往中有哪些心理效应？作为一名服务人员应该如何利用这些心理效应为旅客服务？

3．审视自我，发现自己有无客我交往的心理障碍？若有，应该如何克服？

课外阅读

人际关系中不可不知的金科玉律

心理定律是人际交往中较为常见的心理现象和规律，是一个人的行为和语言，引起其他人产生相应变化的因果反应和连锁反应。正确地认识、掌握并了解这些潜在的心理定律，对于我们正确处理人际关系具有非常重要的作用和意义。

一、首因效应——交往第一印象至关重要

首因效应在人际交往中起着很大的作用，我们可以充分地利用它来帮助我们完成漂亮的自我推销：首先是面带微笑，这样可能获得热情、善良、友好、诚挚的印象；其次应使自己显得整洁，整洁容易留下严谨、自爱、有修养的第一印象，尽管这种印象并不准确，可对我们的工作总是有益处的；再次使自己显得可爱可敬，这一切必须由我们的言谈、举止、礼仪等来完成；最后尽量发挥自己的聪明才智，在对方的心中留下深刻的第一印象，这种印象会左右对方未来很长时间对自己的判断。

二、面子定律——给人面子拉近距离

俗话说，人活一张脸，树活一张皮。因此，不管对什么人来说，面子都是至关重要的事情。每个人都爱面子，一些人甚至把面子看得比生命还要重要。一旦伤了人家的面子，可能就会给自己留下无穷后患，因此任何时候都要注意保全别人的面子。“打人不打脸，说人不说短”，如果你能记着给人留面子，那你脚下的路一定会更好走，你的人缘也会越来越好。

三、忍让定律——忍让创造人际和谐

中国人发明了一个“忍”字，那是心字头上一把刀，言简意赅。因为人的秉性不一样，一旦产生摩擦，如果不懂得忍让，就会引起矛盾甚至大动干戈，这是为人处事的大忌。“忍一时风平浪静，退一步海阔天空”。在这个世界上，没有解不开的结，也没有化不了的矛盾。只要彼此都做到体谅，自然会拨云见日、雨过天晴。

四、异性效应——男女的相互吸引作用

异性效应是指在人际关系中，异性接触会产生一种特殊的相互吸引力和激发力，并能从中体验到难以言传的感情追求，对人的活动和学习通常起积极的影响。在社会交往中，异性效应是普遍存在的心理现象，但各自的表现程度有所不同，有的人表现得比较明显，有的人则表现得比较含蓄，还有的人表现出与异性效应相反的结果。了解和注意这种效应的存在，克服其负效应，利用其正效应，将有利于交往的顺利进行。

五、互惠定律——让对方产生负债感

人际关系就是善意的关系。人是三分理智、七分感情的动物。士为知己者死，从业者可为认可自己存在价值的上司鞠躬尽瘁。“给予就会被给予，剥夺就会被剥夺，信任就会被信任，怀疑就会被怀疑。爱就会被爱，恨就会被恨”。这就是人际关系中的互惠定律。在所

有的社会组织中，互惠定律都是不可缺少的元素，否则人类将无法发展。在人际交往中要熟练掌握这一原理，懂得了人们的这种心理，你就会拥有不错的人际关系。

六、邻里定律——选择好的人际环境

心理学上的“邻里定律”告诉我们，邻近的人会对我们产生一定的影响。这是每个人都无法避免的，因此，要建立对自己有用的人际圈，就要选择一个好的人际环境。因为邻里定律的存在，我们就要注意对周围人的选择，就像孟母三迁那样，要有意识地选择对自己有利的人际环境。所谓“近朱者赤，近墨者黑”，周围的人总会对我们产生无形的影响，从而影响我们的个性成长，以及影响我们获得的机会。

七、晕轮效应——要不同侧面地洞悉他人

在日常生活中，晕轮效应往往在悄悄地影响着我们对别人的认知和评价。例如，有的老年人对青年人的个别缺点，或衣着打扮、生活习惯看不顺眼，就认为他们一定没出息；有的青年人由于倾慕朋友的某一可爱之处，就会把他看得处处可爱，真所谓“一俊遮百丑”。可见，晕轮效应仅仅抓住并根据事物的个别特征，而对事物的本质或全部特征下结论，是很片面的，是人际交往中对人的心理影响很大的认知障碍，我们在交往中要尽量地避免和克服晕轮效应的副作用，尽量从不同的侧面去洞悉他人，认知他人。

八、从众心理——从众心理让你不再孤单

从众是指个人的观念和行为受群体的引导和压力，从而向多数人相一致的方向变化的现象。人是群体性极强的动物。从众心理下的人，渴望群体的安全与庇护，似乎与群体为伍便不再孤单，即使有危险，也不只是独自支撑。生活中，我们要扬“从众”的积极面，避“从众”的消极面，努力培养和提高自己独立思考和明辨是非的能力，遇事和看待问题，既要慎重考虑多数人的意见和做法，也要有自己的思考和分析，从而使判断能够正确，并以此来决定自己的行动。凡事或都“从众”或都“与众不同”都是要不得的。

（资料来源：马银文．2010．生活中不可不知的人际关系学．北京：中国画报出版社）

第二节 处理客我交往冲突的技巧

一、产生客我冲突的主要原因

在民航客我交往过程中，服务人员都希望向客人提供完美的服务，让客人满意。但在许多情况下，也难免因为这样或那样的原因与旅客发生冲突，甚至引起旅客的投诉。客我冲突的原因大致分为主、客观两大方面。

1．客观原因

(1) 航班延误与取消

航班延误与取消是客我双方产生冲突矛盾主要的因素之一。旅客选择乘坐飞机，除了追求其高端的服务外，更看重的是它的准时、快速和安全等特质。但在现实生活中，航班延误与取消总是频频发生。虽然大多数都是由天气、航空管制、机械故障等原因引起的，部分旅客还是会将责任归咎于民航服务人员身上，对服务人员充满挑剔和指责，在这种情况下，客我交往产生冲突往往难以避免。

（2）行李或者货物运输出现问题

旅客将行李或货物交由航空公司运输，是对航空企业信任的一种表现。但如果在运输的过程中发生行李或货物的丢失、破损、少收、晚到等，对旅客的财产造成损失，生活与工作造成极大的不便，这势必会影响旅客对民航企业和服务人员的态度，冲突也是极易发生的。

2. 主观原因

（1）服务人员的服务不周

服务人员的服务不周主要表现在不尊重客人和工作不负责任两个方面。

1）不尊重客人。这是引起客我冲突的一个重要原因，其具体表现在：①招待旅客不主动、不热情、不周到，有的服务人员不主动称呼客人，有的则对客人冷淡，或者对客人的多次要求毫不理会；②不注意礼貌服务，用不礼貌的言语冲撞旅客，讽刺、挖苦旅客、对旅客评头论足；③不尊重旅客的风俗习惯，冒犯了旅客的禁忌。

2）工作不负责任。这是指服务人员在工作时不细致、不认真，粗枝大叶、马虎了事。其具体表现在：①工作不主动，敷衍了事，对客人的要求置之不理；②忘记或弄错旅客交代办理的事情；③损坏、遗失旅客的物品。

（2）双方情绪激动

在第三章中，我们了解到人的情绪状况将直接影响他的身心健康、人际交往和工作效率。在民航客我交往中，服务人员和旅客的情绪是否调控得当，是决定客我关系能否顺利发展的一个重要因素。在以客我直接接触为主的交往方式中要通过比较内隐的个性、态度来把握对方的心理状态进行交往是比较困难的，我们主要通过比较外显的情绪、积极性来把握对方的心理状态，进而采取最恰当的服务语言和服务方式。

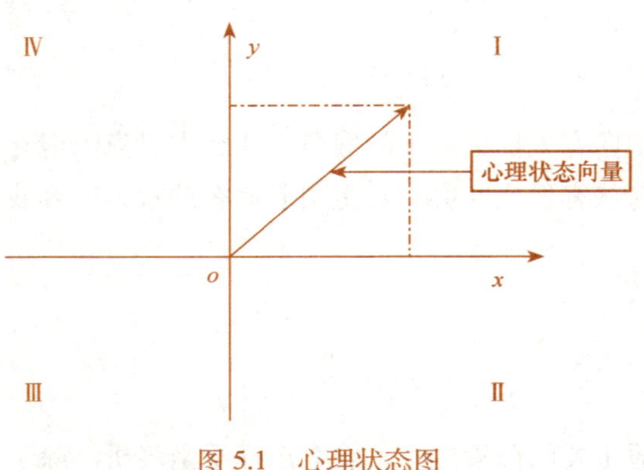

图 5.1　心理状态图

假设我们完全抛开与个人行为所同时产生的内心感受，直接将人的心理状态视为积极性和情绪两种状态，将这一假设画成坐标图，如图 5.1 所示。其中，x 轴代表情绪，y 轴代表积极性。每个人情绪和积极性的不同数值都能在图上找到，并合成一个交叉点，这个点表示人的心理状态。

从图中可以看出，坐标系所划分出的 4 个自然区域恰好可以把人的心理状态分为 4 种类型。

Ⅰ区表示该人情绪很好，积极性很高。在这种状态下人显得轻松愉快、活跃好动，容易接纳他人、易于接近。

Ⅱ区表明该人情绪很好，但积极性不高。这时候人一般比较沉静、自得其乐，有种沉浸其中的感觉。

Ⅲ区表明此人情绪不好，积极性也不高。这时人看起来意志消沉、心灰意冷，有种暴风雨过后还没缓过劲来的感觉。

Ⅳ区的人情绪不好而积极性却很高。此类人可能刚刚遭遇挫折，心情焦虑愤懑无从发泄，此时他最易寻衅滋事，与他人发生冲突。

从客我交往角度看，只有客我双方心理状态向量的合力落在Ⅰ区才是最佳结果。就是说服务人员必须永远把自己的心理状态点调整到Ⅰ区，依据客人的情况采取相应的服务行为，以期双方的交往产生好的结果。

一般而言，处于Ⅰ区的旅客最易于交往，它和同样处于Ⅰ区的服务人员交往的结果只能是好的。如果客人处在Ⅱ区，即客人情绪不错，但积极性不高，此时服务人员就大有用武之地了，要想办法感染他、影响他，把客人的积极性提高上来，从而促进客我交往顺利进行。如果客人心理状态处在Ⅲ区，难度是很大的。这种客人情绪和积极性都处于低潮，作为服务人员要想把这两方面全面扭转过来，通常是办不到的。在这种情况下要首先设法调动客人的情绪，然后再调动其积极性。客人心理状态处于Ⅳ区是最危险的，这类客人情绪很坏，但积极性却很高，属于气急败坏、寻衅滋事者。他们可能装了一肚子火在伺机发泄，正在寻找攻击目标和替罪羊。此时的策略是，服务人员根据经验应迅速判断出这类“危险”的客人，提供迅速而谨慎的服务，不要过分殷勤，应以避免冲突为最佳选择，不求有功，但求无过。

二、处理冲突的方法

了解了民航服务人员与旅客冲突的心理原因有助于我们正确看待冲突，并避免冲突的发生。当服务人员将与旅客发生冲突时，或已经发生冲突后，在坚持“旅客就是上帝”、“客人永远都是对的”的前提下，作为具体的服务人员或服务部门，应正确处理与旅客的冲突。

1．耐心倾听

耐心地倾听旅客叙述事情发生的经过，不要打断他，更不能与对方发生争吵。有的旅客情绪激动、口不择言，可能会让一些服务人员无所适从，但服务人员一定要认识到旅客尽情地倾诉是一种十分有效的发泄方法，当他们倾诉完了可能事情就平息了一半，所以服务人员一定要冷静对待，待旅客情绪平复后再与之商谈。

2．要有礼貌

无论何时，服务人员都应保持风度，要有礼貌，避免在言语上再次激怒旅客。

3. 不要立即自我辩解

在与旅客冲突中，民航服务人员不要急于为自己辩解，任何辩解都会被旅客当成逃避责任的借口，反而会使客人更加不满，令矛盾升级。

4. 要表示歉意

民航服务人员应主动表示歉意，即使是旅客错了，仍应将对的让给旅客；如果是服务人员错了，更要表示歉意。这是平息旅客怒火的最及时的方式。但要注意歉意不能仅仅停留在语言上，更要体现在行动上。如有必要，应有具体的服务人员亲自负责赔偿、致歉。

相关链接

“客人总是对的”这句话的由来

故事发生在埃尔斯沃思·密尔顿·斯塔特勒（Ellsworth Milton Statler）在麦克卢尔旅馆当领班的时候。一位刚刚与餐厅服务员吵了一架的客人冲到服务台要值班员评理。值班员说：“因为我认识那个服务员比认识你早得多，所以我只好说他是对的。”客人听罢，二话不说，收拾东西，结账离店。看到这一切的斯塔特勒在他的小本子上写下“The guest is always right”。老板对斯塔特勒说：“你是不是对服务员太苛刻了，你甚至都不想打听一下那位服务员是否也有他的道理。”斯塔特勒回答：“不是的，先生。我的意思是，服务员不应该与客人争吵，不管什么原因都不应该与客人争吵。您看，我们失去了一位客人，是不是？”

事实上，在服务人员与客人之间出现是非问题时，可能是服务人员不对，也可能是客人不对。不能武断地判定谁是谁非。“客人总是对的”这句话并不是对客我交往中客观存在的事实做出的一种判断，而是对服务人员提出的一项要求。这项要求可以粗浅地理解为，即使真的是客人不对，也绝不要说客人“不对”，而要把“对”让给客人。

（资料来源：国家旅游局人事劳动教育司．2004．旅游服务心理学．北京：旅游教育出版社）

5. 要提供投诉方便

如果客人提出投诉，应给予旅客方便，告知旅客有关投诉的具体事宜，避免事态扩大。切不可躲躲闪闪。

6. 确保承诺兑现

如需向客人做出某些承诺，应保证承诺是可以兑现的，绝不可以空口白话，随意敷衍旅客。

7．要为旅客着想

在处理冲突的过程中，应设身处地为旅客着想，站在旅客的角度来分析问题，理解客人的难处，找到令客人满意的解决方法。

练　习

1．客我双方产生冲突的原因有哪些？

2．如何处理客我双方的冲突？

项目训练

【目的】

1．理解客我冲突的不同的结局。

2．认识到在客我冲突中“双胜无败”才是最好的结局。

【内容】

客我之间的冲突有4种不同的结局。

第一种结局是“我胜你败”——“我得意，你受气”。

第二种结局是“你胜我败”——“你得意，我受气”。

第三种结局是“两败俱伤”——“我有气，你有气”。

第四种结局是“双胜无败”——“我满意，你满意”。

从全局利益和长远利益来看有无存在第一和第二两种结局的情况？________________

____

____

____

____

我认为第四种才是最好的结局，因为____

____

____

____

____

____

【考核】

全班学生按4～6人分组进行讨论，然后选派小组代表进行阐述，允许小组成员相互补充完善，其余学生若有疑问可随时提出质疑询问，营造宽松、和谐的讨论氛围，不允许批评和嘲笑，最后教师根据学生表现进行评审打分。

序　号	项　目	权重 /%	得　分
1	观点是否正确	10	
2	理由是否充分、有说服力	40	
3	表达是否清晰、准确	10	
4	参与讨论是否积极、主动	20	
5	学习态度是否谦逊，是否能够接受意见、建议	20	
合　计			

【反思】

自我评价、学生互评或教师评估。

存在问题	解决方法

第三节　构建良好客我交往的策略

一、处理客我交往的原则

1. 平等的原则

平等原则，是人际交往的基础。没有平等就谈不上尊重，没有相互尊重，就无法维持正常的交往关系。服务人员在与旅客交往的过程中，彼此在人格上是平等的，交往的双方都是受益者，一定要平等待人，不可盛气凌人或者逢迎奉承。尽管由于主客观原因的影响，人在气质、性格、能力、知识等方面存在着差异，但在人格上是平等的。每个人都需要得到别人的尊重，都需要通过交往寻找自己的社会位置，获得他人的肯定，证明自己的价值，而平等的原则正可以满足客我交往的这一需求。

2. 诚信的原则

诚信，即诚实守信，是客我交往的根本，也是人与人之间建立信任和友谊的基础。在客我交往中，只有双方都心存诚意，才能互相理解、接纳、信任，感情上才能引起共鸣，交往关系才能得以发展。在现实生活中，人们都愿意与表里如一、言行一致、诚实正派的人交往，而不愿意与口是心非、老奸巨猾、口蜜腹剑的人交往。所以，如果服务人员给旅客以虚假、靠不住的印象，就会失去旅客的信任，很难与旅客进一步交往。

3. 宽容的原则

宽容，是一种美德，也是对健康交往关系的一种呵护。正所谓“人无完人，金无足赤”，这就要求我们在与人交往时，要学会用辩证的观点看问题，对非原则的问题不斤斤计较，不过分挑剔旅客。在与旅客发生矛盾时，要有宽广的胸襟、豁达的气量，要允许旅客有不同意见。要以豁达、宽容和开阔的胸怀来包容旅客的缺点，要严于律己、宽以待人，不放纵自己，不苛求他人，这样就会赢得旅客的尊重。

4. 赞美的原则

在客我交往中，要善于发现并且鼓励赞扬旅客的优点和长处，礼貌待人，才能与客人建立良好的人际关系、获得客人的支持与信赖。事实上，人人都需要得到他人的赞美。赞美是对他人的尊重，是关注他人的一种表现。对旅客施以恰当的赞美会令客人感到愉悦和激情。如果是一味的指责和批评，则会令旅客感到难堪，甚至是愤怒，这显然是不利于我们与旅客相处的。因此，民航服务人员应学会如何适当地赞美他人，要明白赞美不是一味地说好话、拍马屁，而是发自内心地对他人表示问候和关心。

5. 主动的原则

在日常生活中，人际交往是双向的，因此主动热情需要双方的共同付出。但在客我交往过程中必然需要民航服务人员表现出主动，这是由服务行业的工作性质决定的。在交际过程中服务人员必须首先表现出主动热情的交往意识，对旅客发出邀请，化解旅客的疑虑和担忧，迅速拉近彼此的距离，争取给客人以良好的印象和愉悦的心情，这样可以为服务人员接下来的工作提供极大的便利。旅游、酒店及民航企业之所以都要开展微笑服务，就是应用了这个原则。

但是能做到主动热情并不容易，有些工作人员对与自己没有直接关系的人，往往缺乏足够的热情和同情心，这是不对的。主动热情首先是一种心态，对别人热情，别人也同样会回报热情，但并不能指望所有人有同样的回报，因此需要服务人员有良好的心态，有施恩不图报的心态。

二、构建良好客我交往的具体策略

1. 影响客我关系的因素

要建立良好的客我交往关系，首先要了解影响客我交往的因素有哪些。在民航服务过程中，服务人员与旅客的接触时间十分短暂，要想深入地了解某一个人是十分困难的。但服务工作的性质又要求服务人员必须迅速掌握旅客的相关信息，从而为拉近客我的距离提供帮助。在此，我们从人际吸引的角度来归纳几种影响人际关系的规律，借以分析和了解影响客我交往的原因。

(1) 接近性因素

时空距离是影响人际吸引的一个重要因素。距离越接近，交往的频率可能就越高，就越容易建立良好的人际关系。美国心理学家利昂·费斯廷格（Leon Festinger）对住宅楼的人的调查显示：居住距离越近的人，交往的次数越多，关系也越密切。美国心理学家扎琼克（Zajonc）也进行了交往频率与人际吸引的实验研究。他将被试者不认识的 12 张照片随机分成 6 组，每组 2 张，按以下的方式展示给被试者：第一组被试者 2 张看 1 次，第二组被试者 2 张看 2 次，第三组被试者 2 张看 5 次，第四组被试者 2 张看 10 次，第五组被试者 2 张看 25 次，第六组被试者 2 张从未看过。在被试者看完全部照片后，实验者再出示全部照片。要求所有被试者按自己喜欢的程度将照片按顺序排列，结果发现一种极明显的现象，照片被看的次数越多，被选择排在前面的机会也越多。可见，接近能增加吸引的程度，如果其他条件大体相当，人们会喜欢与自己邻近的人。处于物理空间距离较近的人们，见面机会较多，容易熟悉，产生吸引力，彼此的心理空间就容易接近。因此，接近性能提高喜欢的程度，容易建立和发展良好的人际关系。

(2) 相似性因素

相似性包括态度（信念、兴趣、爱好、价值观等）、年龄、性别、职业、经历等的相似，其中态度的相似是最具吸引力的。交往双方相似之处越多，越容易建立起关系。这正说明了“物以类聚，人以群分”，“道不同，不相为谋”的道理。

美国心理学家西奥多·纽科姆（Theodore Newcomb）曾在密歇根大学作过一项实验，实验对象是 17 名大学生。实验者为他们免费提供住宿 4 个月，交换条件是要求他们定期接受谈话和测验。

在被试者进入宿舍前先测定他们关于政治、经济、审美、社会福利等方面的态度和价值观，以及他们的人格特征。然后将那些态度、价值观和人格特征相似和不相似的学生混合安排在几个房间里一起生活 4 个月，4 个月后定期测定他们对上述问题的看法和态度，让他们相互评定室内人，喜欢谁不喜欢谁。

实验结果表明，在相处的初期，空间距离的邻近性决定人际之间的吸引，到了后期相互吸引发生了变化，彼此间的态度和价值观越相似的人，相互间的吸引力越强。心理学家的进一步研究还发现，只要对方和自己的态度相似，即使在其他方面有缺陷，同样也会对自己产生很大的吸引力。

因此，在客我交往过程中，服务人员应善于发现客我之间的相似之处，从而增进交往关系。

(3) 互补性因素

人们需求的互补性是指双方在交往过程中获得互相满足的心理状态。当双方的需求或个性能互补时，就能形成强烈的吸引力。例如，一个有支配性格的人容易和被动型的人相处。这是因为彼此之间可以取长补短，互相满足对方的需求。但是，是不是所有相反的特性都能互补，都能产生吸引呢？不是的，如高雅和平庸、庄重和轻浮等。所以，互补性是有条件的，不是绝对的，在某些方面互补一些更好，在某些方面相似一些会更好。

(4) 互惠互利因素

注重人际间的互惠关系根据人际交互论的说法，人与人之间的交往是向着增加酬赏和减弱代价的方向发展的。这种互惠行为既有功利的、经济的和现实的作用，也有精神的、心理的和超现实的意义。所以，在人际生活交流中，每个人都难免有酬赏和代价的比较水准。一般说来，功利的互惠较为现实，但不能长久；而心理的互惠较能满足人的基本需求，能持续长久。因此，如能把感激的心情准确传达给对方，对方也将会为你做更多的事，提供更多的服务。

(5) 人格品质因素

人格品质是影响吸引力的最稳定因素，也是个体吸引力最重要的因素之一。美国学者安德森（Anderson）研究了影响人际关系的人格品质。研究结果表明受喜爱程度最高的人格品质是真诚、诚实、理解、忠诚、真实、可信，它们或多或少、直接或间接同真诚有关；排在系列最后受喜爱水平最低的几个品质，如说谎、假装、不老实等也都与真诚有关。安德森认为，真诚受人欢迎，不真诚则令人厌恶。在民航服务过程中，服务人员向旅客示以真诚，也一定能获得旅客真诚的回报。

另外，服务人员开朗、自信、工作能力强等品质也会为自己赢得旅客的欢迎，因此，增强自己的人格魅力是进行良好客我交往的重要因素。

(6) 外貌吸引因素

一个人的外表和容貌对初次交往的人来说，是个重要的吸引因素。两个人在进行交谈以前，往往是根据交往者的外貌特征来评价他，形成肯定或否定的印象，从而影响或左右了以后相互之间关系的发展。研究者曾做过这样一个外貌吸引的实验，他给大学生看了3个大学生的照片：一个外貌漂亮，一个相貌平平，一个相貌丑陋。然后要求被试者估计他们3人未来是否幸福，结果表明，外表越吸引人，就越为人喜爱，越容易得到别人的肯定性评价和期望。

外貌因素对人际吸引的影响主要取决于“第一印象”这一原理。一个人的外貌是让他人认知的最直观因素，人们很容易“以貌取人”。人们喜欢美的东西，而外形美很容易形成一种良好的印象，这是一种自然倾向。外形美可以产生一种光环作用，即认为外形美的人也具有其他优良品质，虽然实际上并不一定如此，可人们总是倾向于在外形上看起来有魅力的人。总之，人们会自然觉得看起来漂亮的人更可爱。

外貌因素包括一个人的容貌、体态、穿着、举止、风度、行为等，民航服务人员在平时就要多注意修饰自己，容貌虽然不能改变，但可以尽量使自己的容貌变得和蔼可亲，加上得体的穿着、合适的举止、高尚的行为等，就会大大增加同事和旅客对你的亲和力，为搞好客我关系打下坚实的基础。

2. 构建良好客我关系的技能与技巧

(1) 塑造良好的第一印象

良好的自身形象和大方的仪表是客我交往的基础。在民航服务的客我交往中，人们比以往更注重服务人员的外表和风度。可以说，服务人员的形象如何，将直接影响与旅客关系的质量。与旅客交往的时候要注意以下几方面内容。

1）以诚为本，坦诚相待。

2）衣着整洁大方，可适当修饰或化妆。

3）举止得体，谈吐文雅。

4）态度谦和，热情大方。

5）在适当的时候，可以展示自己的才华和特长。

6）乐于助人。

7）文明礼貌，实事求是。

（2）学会赞美

与旅客交流要学会使用赞美性的语言。赞美的实质是对他人的赏识、鼓励。一个笑容可掬、善于发现别人优点并给予赞美的人，肯定会受到别人的尊敬和喜爱。现实生活中每个人都希望得到尊重和承认，他人的赞美正是对这种需要的满足。所以恰到好处的赞美能和谐人际关系，给旅客带来美好心境。赞美需要艺术。充分地、善意地看到旅客的长处，因人、因时、因场适当的赞美，不管是直率、朴实，还是含蓄、高雅，都会收到很好的效果。

（3）学会倾听

倾听，是对旅客尊重的表现，是交谈成功的要诀。注意和善于倾听的人就会善于沟通、深得人心。所以，服务人员要养成良好的倾听习惯，这将有助于我们获得幸福和成功。倾听的要领：首先，要耐心听取旅客讲话，态度谦虚，目光应注视旅客；其次，要善于通过体态语言及语言的其他方式给予必要的反馈，做一个积极的“倾听者”；再次，不要随便打断旅客的讲话，更不要中间自己插进来大讲特将，在旅客讲话的时候，可以适当地提出一些问题，通过提问向旅客传递一个信息，表达你是在仔细地听他说话；最后，倾听的时候要能听出旅客的言外之意。一个聪明的倾听者，不能仅仅满足于表层的倾听，而要从说话者的言语中听出话中之话，从而把握说话者的真实意图。只有这样，才能做到完整的交流、沟通。

（4）学会尊重

尊重，包括自尊和尊重他人。自尊，是指在各种场合自重自爱，维护自己的人格；尊重他人，则指重视他人的人格、习惯与价值，承认客我交往双方的平等地位。在客我交往中，只有先尊重旅客，才能得到旅客的尊重。

（5）真诚待客

在民航服务工作中，服务人员对待旅客要以诚相待，不要过于世故。“诚”是客我交往的根本，自古以来一向受到人们的崇尚，交往能做到一个“诚”字，必能赢得真诚的回报。

（6）热情有度

所谓热情有度，主要是指服务人员在为旅客热情服务时，务必要重点把握好热情的具体分寸。热情总比冷漠好，主动服务总比被动服务好，这自不待言。然而，什么事情都有一个度，热情过多，往往过犹不及。服务不够热情，通常会怠慢客人；服务过于热情，又会有碍于客人。因此，服务人员在向旅客提供服务时，不只是要积极主动，更要切忌因此而干扰了对方。

3. 客我交往中的注意事项

（1）不卑不亢，心态平和

不卑，就是不显得低贱；不亢，就是不显得高傲。就是说，在旅客面前，服务人员永远要保持平和的心态。

现代的社会生活是丰富多彩的，在不同的时间和空间里，人们所扮演的角色在不断转变，服务与被服务的角色也会因时间和空间的不同而变化。因此，作为服务人员必须有正确、平和的心态，既不要在为客人服务时感觉低人一等，也不要在别人为你服务时傲慢无礼。

（2）不与旅客过分亲密

服务人员在进行服务时，要注意公私有别。在服务工作中，出于礼貌或创造和谐气氛的需要，服务人员可以和旅客进行一些简单的交谈。但是，服务人员与旅客交谈要注意两点：一是不能影响工作；二是不能离题太远。

（3）不过分烦琐，不过分殷勤

对于旅客提出的要求、托办的事项，服务人员只要轻轻地说一声“好的”或者“明白了”即可，不要喋喋不休地重复，以免客人感到厌烦。

（4）一视同仁，区别对待

乘飞机的旅客，虽然他们的身份、地位、年龄、健康状况不一样，但都应当一视同仁地对待他们。有的服务人员以衣帽取人，对盛装打扮的人格外殷勤，而对着装朴实的人低眼相看，不闻不问。有的服务人员看见熟人来乘坐飞机，就很客气，甚至勾肩搭背，长时间地大声交谈；而对普通客人不尊重、不热情，这会给其他客人带来不好的印象，认为服务人员唯亲是尊。还有的客人蔑视残疾病弱的旅客，把他们当做负累，这是非常不好的，通常都会激怒旅客，影响客我交往的进一步进行，严重的还会影响企业的声誉。

但是，对待不同的旅客服务人员又需要区别对待。例如，接待不同舱级的旅客，服务人员们需要提供不同的服务项目，而对待有特殊要求的旅客，也需要给予特殊关照等。

（5）表情适度，举止得体

1）注意表情。在人际交往中，表情通常亦被人们视为一种信息传播与交流的载体。服务人员在向旅客进行服务时，有必要对自己的表情自觉地进行适当的调控，以便更为准确、适度地向旅客表现自己的热情友好之意。

① 运用好眼神。在与旅客接触的过程中应避免以下5种眼神：一是盯着旅客，似乎在提防旅客盗窃；二是打量旅客，似乎对旅客十分好奇；三是斜视旅客，似乎对旅客不屑一顾；四是窥视旅客，似乎在猜疑旅客；五是扫视旅客，显得很不庄重，容易引起旅客的反感。

② 把握好笑容。笑容是传递热情的直接方式，但是也要注意笑容得体，笑容有度。自

然、大方的笑容可以向旅客传递欢迎之意，但暗笑、偷笑、扭捏的笑容则容易引起旅客反感。在欢迎或是送别旅客时微笑，是可以令旅客接受和认可的，但当客人极度悲伤或者盛怒的情况下，服务人员就不该再把笑容挂在脸上，也就是说笑容应有度，在该笑时微笑，不该笑时应懂得变化自己的表情。

2）注意举止。服务人员在为旅客提供服务时，一定要对自己的举止有所克制。严禁一些有可能干扰旅客或者让旅客反感的行为。

① 不卫生的举止。当着旅客的面，对自身进行诸如挖鼻孔、擤鼻涕、掏耳朵之类的卫生清理，或者随意用自己的手及其他不洁之物接触旅客所用之物，都属于不卫生的举止。

② 不文明的举止。服务人员的某些不文明的举止，如当众脱鞋、更衣、提裤子、穿袜子等，对旅客难免会造成影响。

③ 不敬的举止。对旅客指指点点，甚至拍打、触摸、拉扯、追逐、堵截对方，不仅有可能失敬于旅客，而且对旅客也会形成一定程度的干扰，甚至会令旅客心怀不满。

练　习

1．处理客我交往的原则有哪些？

2．如何建立良好的客我关系？

3．在客我交往中，需要注意哪些事项？

项 目 训 练

【目的】

1．分析客我冲突的原因。

2．掌握解决客我冲突的原则和方法。

【内容】

延误 16 小时　南航湖南客舱部收到 6 封表扬信

2011 年 6 月 8 日上午 10 点，已延误了 16 个小时的从张家界至北京的航班终于从张家界荷花机场顺利起飞！ 16 个小时的长时间延误，南航湖南分公司客舱部彭斌乘务组不仅没有被投诉，反而收到了 6 封“异口同声”的表扬信。

2011 年 6 月 7 日下午 5 点，由于北京雷雨，CZ3357 张家界—北京航班暂无起飞时间，只得在机上等待，1 小时、2 小时……152 名旅客中有部分旅客开始坐立不安，指责乘务员，破口大骂。乘务长彭斌与乘务员胡妙、李丛自始至终在客舱穿梭，为旅客做好解释工作，提供饮料服务。每隔 20 分钟，彭斌就向旅客通报航班动态，虽然每次的信息都让大家失望，也会再次招来辱骂，但他仍旧坚持这样做。坐在头等舱的王女士原本当天到达北京后，再转机去哈尔滨，由于此段航班的延误，使她的后续行程全部打破。焦急之下，她向乘务长彭斌求助。彭斌听了后，耐心地安慰她，答应给她做好后续航班的衔接。此时，在机舱等待已有 4 个小时了，旅客的忍耐性已接近底线。乘务组的全体人员仍然坚守客舱。嗷嗷待哺的婴儿哭闹不停，乘务员立刻给她泡上牛奶；年纪较大的旅客已渐入梦乡，乘务员为她轻轻盖上毛毯；饥饿、干渴同时困扰着旅客，乘务员们为旅客一次又一次，一遍又一遍地送水、端茶。

机上等待、下机等待、再上机等待、又下机等待，筋疲力尽的旅客托着行李反复来往与机场和宾馆，最后得到的消息是“当日航班取消”。一晚上 3 次的曲折经历，让乘务组感到惊讶的是，他们陆陆续续收到了 6 封表扬信。表扬信中纷纷对乘务员的服务表示感谢与肯定。周先生在信中说到：乘务长的耐心、细心，让我很受感动。金先生对全体乘务员“努力解决我们的要求和尽量满足服务的姿态”很满意。这是分公司客舱部今年以来，收到的最多的航班延误后的表扬信。

（资料来源：http://news. carnoc. com/list/193/193990.html）

问题：

1．航班延误了 16 小时，为什么旅客没有抱怨、投诉反而是写了 6 封表扬信？

2．金先生在表扬信中对全体乘务员“努力解决我们的要求和尽量满足服务的姿态”很满意，请你谈谈对这句话的理解。

【考核】

全班学生按 4 ～ 6 人分组进行讨论，然后选派小组代表进行阐述，允许小组成员相互补充完善，其余学生若有疑问可随时提出质疑询问，营造宽松、和谐的讨论氛围，不允许批评和嘲笑，最后教师根据学生表现进行评审打分。

序　号	项　目	权重 /%	得　分
1	观点是否正确	10	
2	理由是否充分、有说服力	40	
3	表达是否清晰、准确	10	
4	参与讨论是否积极、主动	20	
5	学习态度是否谦逊，是否能够接受意见、建议	20	
合　计			

【反思】

自我评价、学生互评或教师评估。

存在问题	解决方法

第六章 不正常航班的旅客心理及服务

随着经济的快速发展，旅客对民航服务的期望逐渐提高。安全、正点、快捷、舒适等要素已经成为旅客选择航空公司的关键因素。作为民航服务人员如何把航班不正常所带来的消极影响控制在旅客可以接受的范围内，变被动为主动，做到航班延误而服务不延误，给旅客带来优质、满意的服务，是提升旅客满意度的一个关键问题。

知识目标

- 掌握不正常航班时个体旅客心态和群体旅客心态的不同。
- 理解不正常航班时旅客的情绪变化。

能力目标

- 能正确看待旅客的不满。
- 会采用航班不正常时积极的应对策略。

第一节 不正常航班旅客心态分析

一、航班不正常的原因

1. 不正常航班的概念

航班正常统计以航段班次为统计单位。航班的每一次起降为一个航段班次。

一个正常航班包括3个要素：一是在公布的离站时间以前关好机门；二是在公布的离站时间后1分钟内起飞；三是在公布的到达站时间正常着陆。

任何航班只要不符合上述3个条件中的一条就为不正常航班。有些人认为航班起飞超过班期时刻表上公布的离站时间就为延误航班，这种理解是不正确的。航班延误，是指航空承运人未能按照运输合同约定的时间将旅客、行李或者货物运抵目的地点。延误的判断标准，《华沙公约》、《蒙特利尔公约》及《中华人民共和国民用航空法》等都没有规定。各国判例认为，"延误不是指航班始发或抵达目的地时间上的'误点'，而是指旅客或托运人选择空运这种运输方式所合理期望的期限"。按照国际惯例，飞机在公布时间后15分钟内起飞（有的空港如北京、上海、广州和深圳等机场则是20分钟）均为正常航班。例如，北京飞上海的航班，班期时刻表上公布的离站时间为20点10分，而飞机只要在20点25分或20点30分以前起飞，就算正常起飞的航班。

凡有下列情况之一的为不正常航班。

1）不符合正常航班全部条件的航班。

2）发生返航、改航和备降等不正常情况的航班。

3）未经民航行政部门或地区民航主管部门批准，航空公司自行改变计划的航班。

2. 航班不正常的原因

造成航班不正常的原因有很多，从责任的归属上可以分为两大类：非承运人（非航空公司）原因和承运人（航空公司）原因。具体有以下几种。

（1）飞机调配

由飞机调配而导致航班不正常，是目前比例最高的一个原因，它大概占不正常航班总数的47.3%，主要是由航空公司计划、机务和空勤人员等方面因素引起的。

在民航中，飞机晚到的原因都称为飞机调配。某个航班延误，其后续航班也跟着延误，这是飞机调配而导致航班不正常比例较高的原因。

一般来说，一架飞机一天要执行6～10个国内航班，要在天上飞10个小时左右，再加上飞机在地面上下客、清洁、装卸货、例行检查等过站时间，一般每天运行16小时左右。每架飞机的航班计划都预先排好，周旋余地不是太大。前一航班出现任何疏漏都可能引发后续航班的连锁反应，往往越到后面延误时间越长。

每个航空公司都有一个调度中心，在全盘掌握精心调配所有飞机的运行，一旦某一环节出问题，如飞机故障、某机场关闭等上述造成延误的事件发生后，都会对整个航班运行造成影响，调度中心会根据情况及时进行调整，目的是尽快恢复正常的航班运行，同时通知后续航班做相应准备，并会估算出一个大概延误的时间，但是，情况是在不断变化的，不排除在调配过程中又有新的状况，如再次遭遇延误导致时间延长发生，导致一些计划被迫更改，这也就会出现时间一再拖延的情形。

我国航空公司规模较小，即使三大航空集团在运作中也是划分成分公司在独立运行，效率较低，可供调配的余地很小，航线、机场等配套不是很完善，导致航班运行整体效率偏低，一旦发生意外情形，应变、调配能力较差。

（2）天气原因

目前，天气原因是造成航班延误的主要原因，大概占不正常航班总数的11.8%。一般认为，天气恶劣是显而易见的，造成航班延误旅客能理解，其实不见得，旅客眼前的天气晴朗，航班却因天气原因而延误是正常的。

“天气原因”简单的4个字实际包含了很多种情况：出发地机场天气状况不宜起飞；目的地机场天气状况不宜降落；飞行航路上气象状况不宜飞越等。影响的关键气象因素是能见度、机场起飞降落航道附近的低云、雷雨区、强侧风，若这些不够飞行标准 不能起飞。

除出发地、目的地、航路的气象状况会影响飞行外，机组状况——机组技术等级 分析把握当前气象及趋势做出专业的决策；飞机状况——不同机型对气象条件的安全标准不一样；因恶劣天气导致的后续状况——机场导航设施受损、跑道不够标准，如结冰、严重积水等也会影响正常飞行，造成航班不正常。

一般，飞机起降的标准与飞机机型有关，但同样的机型在各航空公司定的具体安全标准也可能有差异，另外，机长对当前气象及趋势做出决策也会有所不同。取决于机长对飞机状态、机场、气象等判断后的决定。《中华人民共和国民用航空法》规定，“机长发现民用航空器、机场、气象条件等不符合规定，不能保证飞行安全的，有权拒绝飞行”。

另外，天气情况是在不断发生变化的。民航气象部门依靠先进的设备会不断发布比较准确的气象变化趋势预报以利于航班运作和调度，但也难以很准确地判断，这就会出现到快落地时天气情况突然恶化导致飞机无法降落，出于安全考虑或油量不足以继续盘旋等待天气好转，飞机就不得不备降其他机场。

（3）航空管制

在浩瀚无垠的天空，飞机似乎可以不受约束地随意飞行。其实并非如此：就像车辆在地面行驶必须遵守交通规则，接受警察和红绿灯的指挥一样，飞机在天上飞行也必须要遵守空中交通规则，也要受到专门机构的指挥与调度，这就是空中交通管制。

我国空中管制模式为，待旅客全部登机关闭舱门，一切就绪后，机长才能向空中管制部门申请起飞，此时方可进入排队序列。晚一分钟申请航班，就要给后面正点申请的航班让路。为了能尽快起飞，一般情况下，要求旅客乘机等待而不主张旅客在地面等待。

恶劣天气、航班过于集中、其他航空用户对空域的使用都会导致必要的流量控制。流量控制是空中交通管制工作的一种手段，主要指当航路拥挤时对航班进行调控，以保持航班之间所需的间隔，确保航班安全有序飞行。据民航局统计，近几年，流量控制导致航班不正常的情况有所增长，所占比例由2005年的16.8%上升至2010年的27.6%，特别是北京及珠三角等地繁忙机场起降的航班。

然而流量控制的原因是多方面的，其中天气是重要因素。例如，某机场出现雷雨或降雪，原本1小时安排起降50个航班，但由于安全原因，机场的保证能力缩减到了20班便造成多数航班延误；雨雪停止后，积压的航班不可能一下子全部起飞，也需要调控流量，让飞机排队一架一架按顺序起飞。有时候，出发地和到达地的天气都不错，但航路上或许有雷暴，空中的飞机需要绕飞，造成了航路拥挤和管制员工作负荷的成倍增长，这时也必须进行流量控制，地面的飞机只好等待。此外，出于科学实验、航空气象、军事飞行等情况，都需要占用一些空域，这时民航飞行须进行避让，继而出现流量控制。

另一个造成流量控制的重要原因是可用空域有限、航路有限。飞机从机场起降，也不是哪个方向都可以飞，而是有固定的进出港航路，所有飞机都必须按照固定航路飞行。飞机要按既定的航路飞行，当航路容纳不下航班时，一样会发生拥挤，这就必须采取流量控制。而且这期间，只要有一个环节出现延误，就会引发连锁反应，影响其后续的多个航班。这就造成热点区域流量控制更加频繁。目前，北京首都国际机场是亚洲最繁忙的机场，高峰小时时刻容量（6～23点）已达到平均每小时83架次以上，算起来不到一分钟就有一个飞机架次的起降，其密度可见一斑。

2005年，我国京沪穗地区空域紧张的迹象初现，当时航路航线普遍不被业界认为是瓶颈。但仅仅过了5年，航路拥挤问题已经从京沪穗扩展到二线机场及干线航路。到2010年，全国已有14个机场空域饱和，28个主要机场日均架次接近或超过日总量限制，北京、广州、上海、深圳、重庆、西安、昆明等地区，高峰时都会出现空中堵塞。

（4）机械故障

虽然飞机的安全系数是在不断提高的，飞机越来越先进，在飞机的所有重要特性方面都具有层层余度和多重备份系统，飞机都有详细的定期维护计划，每隔一段时间都要对相应的系统、设备进行彻底检查、更换部件，但再完善仔细的例行维护也无法保证飞机设备不会突然出现故障，这往往不是正常的例行检查就可以避免的，机务维修人员、机组人员和先进的机载计算机也会随时监视着飞机的任何情况，凡对飞行安全构成威胁的问题都将在继续飞行之前解决。当然，为了确保安全，彻底排除故障隐患势必造成一定程度的延误，这也是值得的，民航的首要问题是安全。

一般来说，如果飞机故障地为该航空公司基地，处理故障时间较快，即使是大故障一时难以修复，由于在基地，也比较容易调配，延误时间会较短。如果飞机故障地为外站，当地可能缺少必要的检修设备、零件和维修人员，这种情况造成延误所需时间确实很难讲，这与故障具体情况、当地机务维修能力有关，如果是大故障一时难以排除，即使另派飞机来也需要较长时间。

（5）旅客原因

一些人为因素已成为造成航班延误的"新的增长点"。常见的情形如下：旅客晚到；旅客办完乘机手续后迟迟不登机；通知上飞机时旅客不辞而别，严重影响航班运作，尤其是旅客在飞机经停机场走了；国际中转航班在办理出入境手续时由于旅客证件等问题，耽误时间；其他，如旅客上了飞机突然要下飞机；旅客携带上飞机的行李过多；旅客突发疾病等。

另外，旅客因航班延误等其他服务问题霸占飞机或拒绝登机等过激行为也会导致航班延误。这样的旅客虽然是在维护自己的利益，但是却侵害了后续航班旅客的利益，同时强占飞机等过激行为其实已经属于违法行为。

二、旅客个体心态分析

1．航班不正常时的旅客心理分析

与火车、汽车、轮船等传统的交通方式相比，旅客选择飞机出行的目的，主要有3个方面：安全、快捷和舒适。旅客普遍对民航服务的期望较高，如果碰上航班延误或者其他意外事件，这种期望会大打折扣，甚至让人感到沮丧和愤怒。并在长时间的等待过程中，旅客存在各式各样的心理状态，其中容易对正常的航班服务造成不利影响的心态主要为下列几种。

（1）情绪焦虑

情绪焦虑是指个体在担忧自己不能达到目标或者不能克服障碍时而感到自尊心受到持续威胁时形成的一种紧张不安、带有惧怕色彩的情绪状态。由于航班延误，不能够按时到达目的地，旅客的行程、计划受到影响，他们往往比较紧张、担忧，言行方面容易出现比较过激的现象。焦虑的情绪会随着航班延误的继续而逐渐上升。

（2）怀疑心理

因为航班不正常，打断了旅客的计划，打断的原因如果不确切，旅客就会对航空公司告之的延误理由持怀疑态度，再加上很多航空公司为了逃避责任，往往对旅客隐瞒真实情况。旅客就对航空公司公布的一切信息持怀疑态度，不利于问题的解决。

（3）抱怨

航班不正常事件发生后，如果不能及时解决，让旅客满意，旅客就会对航空公司的服务产生抱怨，并把这种抱怨传播开去，造成对航空公司的不利影响。

（4）愤怒

在航班不正常情况下，由于航空公司处理问题不当，很容易使旅客产生愤怒的情绪。航班延误已经让人倒霉，如果航空公司再闪烁其词或对旅客不理不睬，旅客愤怒是可以理解的。当然，有些时候航空公司方面并没有过错，也有个别旅客会感到很愤怒而难以控制自己。这时候就需要对旅客加以安抚与劝慰，不要将事态扩大。

2．航班不正常时的旅客需求分析

当航班不正常时，旅客的需求特点归纳起来有以下几个方面。

（1）信息对称的需要

航班延误是航空业不可避免的事情，问题的关键在于，出现延误后要及时与旅客沟通，让旅客获得作为消费者应有的知情权。旅客最无法忍受的不是延误本身，而是不知道发生了什么事，不知道还要等多久，也不知道是何种原因引起的。航空公司应及时向旅客通报信息，尽可能把详细情况告诉旅客，做到与旅客的信息对称，从而取得旅客的理解和谅解。旅客可以理解正常的航班延误，但旅客不能接受公司对他们理所当然的冷落。这一点，正是国内民航做得不到位的地方。当旅客长时间得不到所需信息时，旅客的耐心就会下降，旅客的情绪也会逐渐上升。当旅客的情绪失控时，再来服务和协商就会非常困难，航空公司将付出很大的物质代价和沉重的形象代价。

(2) 饮食的需要

饮食是旅客的基本需要，很多旅客对航空公司提供的餐饮的种类、口味很在意，期望值较高。在航班不正常时，旅客在地面等待期间或者登机后，由于正常的供餐时间发生了变化，供餐或供水的时机、种类和质量往往会左右旅客的情绪。尤其是在地面等待期间，及时提供适当的饮食，既能展示航空公司的态度，也能体现公司的人文关怀，对化解旅客的不满、急躁情绪，获得旅客理解具有明显的效果，有时可以起到事半功倍的效果。但是这一细节问题又是很多航空公司容易或者故意忽略的一点。

(3) 尊重的需要

随着社会的发展、社会文明程度的提高、人们自主意识的加强，旅客对尊重的需要越来越强烈。民航旅客作为消费者，在消费过程中希望能够获得服务人员的理解和尊重、关心和帮助，其直接的表现方式就是民航服务人员为其提供周到、细致的服务和人性关怀。可以说，服务无小事，从小事到大事，到处都能体现出旅客对尊重的需要。在航班延误时，旅客想得到的是心理上的安慰，得到航空公司一个圆满的解释和妥善合理的安排，如果没有专人来为他们处理和解决，旅客就会认为没有受到一定的尊重，从而引发一些不必要的冲突。

(4) 情感的需要

情感，是人的需要中一个非常重要的方面，中国人尤甚。在节假日，由于航班量的增加，航班不正常的情况更加高于平时，因此，服务人员在提供正常服务的过程中，一定要注意情感的交流，遇到节假日时尽量营造相应的节日气氛，谋求与旅客更多的共同语言，在这样的氛围中，旅客的怨气或者不满情绪更容易消除。

(5) 发泄的需要

旅客往往以自我为中心，思维和行为都具有情绪化的特征，对航空公司好与坏的评价往往都带有很大的主观性，一旦遇到令其自身不满意的事情时就特别需要把自己的烦恼、怨气发泄出来，以维持其心理上的平衡感。服务人员应当站在旅客的角度，理解旅客的真实感受，旅客的焦虑是真实的，旅客的愤怒也是客观存在的。唯一正确的解决之道是与旅客进行有效沟通，让他们发泄情绪，了解他们的真实想法，不要去辩解，更不要推卸责任。

(6) 寻求补偿的需要

从合同法的角度而言，航班不正常是对旅客正常到达目的地权利的一种损害，当航班不正常原因的责任主体是航空公司时，航空公司应当提供相应的违约补偿。就旅客而言，由于航班不正常造成自己工作、旅游、经济及精神上的损失而进一步产生寻求一定补偿的动机，从而增加一种自身满足感。国内各大航空公司根据《中华人民共和国民用航空法》和民航当局的相关政策制定了相应的航班不正常情况下的补偿制度，但是在执行的过程中，要注意把事做好，切忌由于服务或者沟通不到位衍生其他的问题。

在航班不正常的情况下，航空公司的工作人员往往为了安排大多数旅客的相关事物而忙碌，从而忽略了老弱病残旅客、儿童旅客、初次乘机旅客、VIP 旅客、国际旅客等特殊旅客的需要，这部分特殊旅客也容易成为整个不正常航班处理的关键点。因此，无论是从工作质量、效率的角度，还是从人性化服务的角度出发，都不能忽视这部分“特殊旅客”的特殊需要。

相关链接

桑兰轮椅风波

2008 年 10 月下旬，原体操运动员桑兰受邀去福建参加社会活动，11 月 1 日乘坐东航航班从福州返京。她在福州时事先跟航空公司约定，到了北京首都机场要用自己量身定做的轮椅，因为机场的普通轮椅对于她这样高位截瘫的人是不适合乘坐的。但是，飞机落地后，等来的却是机场的简易轮椅。于是，桑兰在交涉过程中一直等待着自己的轮椅，导致延迟下机，并间接造成下一班航班延误。候机大厅中，上百位心急火燎的旅客也在等待着乘坐这架航班，盼着早点从北京飞福州。而桑兰在机上对这一切却一无所知。最后经过 40 分钟左右的等待，桑兰才等来自己的轮椅。下飞机时，登机口的人们情绪激动，桑兰受到责骂，被部分旅客指责“耍大牌”。

事件发生后，桑兰在博客上连发多篇博文对事件进行澄清和解释，对给其他旅客带来的延误表达了歉意；同时，回应了“桑兰在飞机上耍大牌”的质疑，倾诉了自己内心的委屈，表示不下飞机并非自己所愿，希望自己的行为得到大家的理解。2008 年 11 月 6 日，东航北京分公司相关领导亲自登门向桑兰致歉，并表示东航会以此次事件为契机，改进特殊旅客乘机的相应服务措施，在信息和语言沟通、服务的灵活和应变能力方面对员工进行相应培训。

（资料来源：http://travel. sina. com. cn/air/2008-11-07/091535208.shtml）

三、旅客群体心态分析

由于时空的局限性（在一个特定的时间内，上百的旅客积聚在飞机这一狭小的空间里或机场这一特殊的场合里，接受航空公司、机场人员为他们提供的服务），公司对旅客提供的服务，大多数情况是面对旅客群体进行的服务，由于群体关系，旅客在任何一点不良诱因的作用下（如航班延误又没及时通报信息，工作人员态度粗暴或生硬等），都可能引发不可控的群体心态反映。所以，航空服务相对于其他服务业而言，具有它非常特殊的一面，我们不仅仅要把握消费者个体心态，更要研究群体心态对民航服务的影响和群体心态作用下的旅客服务技巧。

1. 群体心态

所谓群体心态有两层意思：一是指聚集在一起的人都具有一种相同的心理倾向和趋势，这是一种群体行为形成后的群体心理状态，这种倾向和趋势与人在个别独处时的心理状态完全不同；二是指只有具有相同的心理倾向的人才可能聚集在一起，并形成较为一致的动机与行为。这种相同的心理倾向是一种群体行为形成前的心态。这种心理状态和倾向是每个个体所拥有的，是平时处于潜在状态的，是被理性所压抑的，但又是充满活力的，只要条件成熟，它就可以冲破理性的控制和压抑而表现在各种行为中。

2. 群体心态的特征

分析心理学家古斯塔夫 · 勒庞（Gustave Le Bon）和弗洛伊德的群体心态理论后发现，群体心态通常具有如下一些特征。

（1）场景性

在学术上，场景性是指一种“心理群体”。在这样群体中，心理感受的一致性非常突出。这种场景性使得群体心态具有极强的形象化的想象力。这种场景性致使群体要么不会推理，要么进行错误的推理，而且也不受推理过程的影响。

（2）潜在性

潜在性是说群体心态一般是处于一种潜在状态的。从表面上看，它会认为是一种不存在的状态，其实，这是一种潜在的状态，不是不存在。平时，群体心态潜藏于人的个体身上，基本上受人的理性控制，宛如被困在笼子里的一只老虎。一旦时机成熟，一个或多个因素刺激理性移位或放松对群体心态的控制，这只老虎就会失控，就会构成对人类生存和发展的威胁。

（3）从众性

从众心理人皆有之，但个体的从众性与群体的从众性是不同的。个体的从众性是可以从理性的角度找到一些可以解释的原因的，群体的从众性则不然，更多的是有一些盲动性、残忍性和狂热性，是无法用理由加以解释的。

（4）情绪性

情绪性是群体心态的一个基本特征。与个体情绪不同的是，一个群体是冲动、易变且不安的。它几乎完全被潜意识所控制；一个群体是格外轻信和受影响的，它没有批判的能力，对它来说不存在不合适的事；一个群体绝不渴求真理，他们需要的是幻觉，没有幻觉便不能行事。他们总是赋予不真实的东西优越于真实的东西；他们几乎把不真实的东西看做真实的东西并受到其强烈的影响。他们具有不在二者之间做出区分的强烈倾向；一个群体行为表现为一种逆反性。

（5）随意性

随意性是指群体行为在发生和发展的过程中具有的一种随时都可能发生变化的状态。人的群体行为基本上是没有目的的，人的理性因素和机制难以深入其中，发挥其应有的作用。

(6) 互动性

互动性是对从众性的一种补充。互动性产生了一个群体的无数的不同性质的“火花”。它们相互碰撞，彼此启发，共同发展。

(7) 无序性

无序性是相对于有序性的一种心理状态。它包括非理性、混沌性、动物性和模糊性等。人的动物性表现在侵犯性，当他的生存利益受到威胁时，所发生的攻击（或逃走）冲动，这是一种防御的良性的侵犯，而一旦威胁消失，它也跟着消失。恶性侵犯，亦即破坏和残忍，这是人类特有的侵犯性。它无目的可言，除了满足凶残的欲望之外，别无意义。

(8) 爆发性

爆发性是就群体行为发生和发展的速度和力度而言的一种特性，其势如破竹，往往伴随“轰”的一声，并且所向披靡。

由此可见，在不确定因素的作用下，群体心态完全受着无意识动机的支配，冲动、易变、急躁，容易受人暗示，把头脑中产生的幻觉当做现实，极端轻信，群体不允许被怀疑和不确定，提供给他们的各种意见、想法和信念，他们或者全盘接受，或者一概拒绝，将其视为绝对真理或绝对谬论，群体偏执、专横而又保守。

练习

1. 航班不正常的原因有哪些？
2. 当遇到航班不正常时，旅客个体心态有何变化？有哪些心理需求？
3. 旅客群体心态有哪些特点？

项目训练

【目的】

1. 理解旅客面对航班延误时情绪心态的发展变化。
2. 掌握旅客群体心态与个体心态的不同特征。

【内容】

旅客滞留 17 小时怒堵登机口

2010 年 12 月 12 日，4 名旅客搭乘某航空股份有限公司直飞的武汉—深圳航班，接连 3 次登机没有成功，滞留武汉长达 17 个小时，最终忍无可忍，一度堵住登机口讨说法。

2010 年 12 月 12 日，因沈阳遭遇大雪，海航的航班无法起飞抵达武汉，导致后续航班——21 时 55 分起飞的武汉—深圳 HU7730 航班被迫取消，旅客第一次登机受挫。于是，绝大部分旅客退票，只有 28 名旅客与海航协商，改签 13 日较早起飞的其他航空公司的航班前往深圳。

13 日 8 时许，在工作人员带领下，28 名旅客抵达某航空公司 CA8233 次登机口，突然被告知仅允许20名旅客登机，取消其中8名旅客的订座，这8名旅客第二次登机没有成功。

11时许，8名旅客抵达某航空公司ZH9898次登机口，又被告知，航班仅剩4个座位，8名旅客中有4个人第三次登机也未成功。屡次安排无果后，4名旅客怒火中烧，堵在登机口，公安人员赶到予以平息。13时40分，最后4名旅客在滞留17个小时后，第四次登上客机才成行。

（资料来源：左泽．旅客滞留17小时怒堵登机口．武汉晚报．2010-12-17．）

问题：

1．为什么这4位旅客要堵登机口？如果你是其中一员，面对此种情况，应该如何维护自身的利益？

2．作为航空公司服务人员，应该如何做才能杜绝此类事件的发生？

【考核】

全班学生按4～6人分组进行讨论，然后选派小组代表进行阐述，允许小组成员相互补充完善，其余学生若有疑问可随时提出质疑询问，营造宽松、和谐的讨论氛围，不允许批评和嘲笑，最后教师根据学生表现进行评审打分。

序　号	项　目	权重/%	得　分
1	观点是否正确	10	
2	理由是否充分、有说服力	40	
3	表达是否清晰、准确	10	
4	参与讨论是否积极、主动	20	
5	学习态度是否谦逊，是否能够接受意见、建议	20	
合　计			

【反思】

自我评价、学生互评或教师评估。

存在问题	解决方法

课外阅读

2010年我国民航航空安全与服务质量

一、航空安全

2010年，民航绝大多数运行单位安全形势平稳。全行业没有发生空防安全事故、重大航空地面事故和特大航空器维修事故。厦门航空有限公司、山东航空股份有限公司、中国货运航空有限公司等20家公司没有发生事故和事故征候。全年共发生一起特大航空运输事故。2010 年严重事故征候万时率为 0.033，比上年降低 5.7%。

“十一五”期间民航累计完成运输飞行小时 2033 万小时，接近“十五”期间的两倍，运输飞行百万小时重大以上事故率为 0.05，较“十五”期间降低了 74%，明显好于世界平均水平。从 2004 年 11 月 22 日到 2010 年 8 月 23 日，运输航空连续安全飞行 2102 天、2150 万小时，创造了我国民航有史以来最长的安全周期纪录。

二、航班正常率

2010 年，主要航空公司计划航班 188.8 万班次，其中正常航班 143.1 万班次，不正常航班 45.7 万班次，航班正常率为 75.8%。

2010 年，中小航空公司计划航班 26.0 万班次，其中正常航班 17.9 万班次，不正常航班 8.1 万班次，航班正常率为 68.8%。

2010 年航班不正常原因分类统计情况如表 6.1 所示。

表 6.1　2010 年航班不正常原因分类统计

指　标	占全部比例 /%	与上年相比增减 /%
主要航空公司航班不正常原因	100.0	
其中：航空公司自身原因	41.1	− 1.6
流量控制	27.6	4.8
天气原因	19.5	− 3.5
其他	11.8	0.3
中小航空公司航班不正常原因	100.0	
其中：航空公司自身原因	47.9	− 6.9
流量控制	25.6	4.8
天气原因	18.0	1.2
其他	8.5	0.9

三、旅客投诉情况

据民航局公布的数据：2010 年，民航局、各地区管理局、民航局消费者事务中心和中国航空运输协会共受理航空消费者投诉 1334 件，其中有效投诉 243 件，无效投诉 1091 件。受理投诉总量比上年减少 245 件，下降 15.5%，有效投诉量比上年减少 153 件，下降 35.4%。

（资料来源：《2010 年民航行业发展统计公报》）

第二节　不正常航班的服务现状

一、不正常航班的旅客服务现状

1. 不正常航班原因分析

在我国民航局 2011 年 5 月 4 日发布的《2010 年民航行业发展统计公报》中披露，2010 年主要航空公司计划航班 188.8 万班次，其中正常航班 143.1 万班次，不正常航班 45.7 万班次，航班正常率为 75.8%；中小航空公司计划航班 26.0 万班次，其中正常航班 17.9 万班次，不正常航班 8.1 万班次，航班正常率 68.8%。

航空公司自身原因、流量控制和天气原因成为航班不正常的主要原因。2010 年，航空公司自身原因导致的航班延误占到了 40% 以上，流量控制原因导致的航班延误占到了 30% 左右，天气原因导致的航班延误在 20% 左右，其他原因占到了 10% 左右。在中小航空公司航班不正常的原因中公司自身的原因甚至接近 1/2。

在航空公司自身的原因中，由于公司规模的限定，资源未得以充分地利用。中国民航 2006 ～ 2010 年旅客周转量和准点率对比如图 6.1 所示。

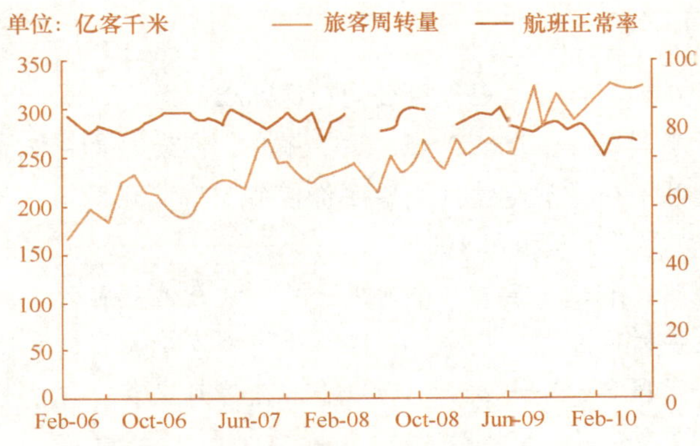

图 6.1　中国民航 2006 ～ 2010 旅客周转量和准点率对比

从图 6.1 可以看出，2006 年 2 月，我国旅客周转量达到 166.5 亿客千米，截至 2010 年 6 月，旅客周转量达到 326.35 亿客千米。民航周转量处于一个快速攀升的趋势。与此同时，2006 年 2 月～ 2010 年 5 月看来，我国全行业航班正常率却没有得到足够的提升，尤其是 2009 ～ 2010 年以来甚至出现下滑的趋势，由此也凸显了我国高速发展的旅客资源和不能迅速适应的资源调配的冲突。

2. 国内关于不正常航班的相关规定

我国原民航总局于 2004 年 7 月 1 日公布了《航班延误经济补偿指导意见》（以下简称指导意见）。根据这份意见，今后旅客在坐飞机的时候，航班因承运人原因延误 4 个小时以上，承运人需要为旅客提供食宿服务，并可以得到航空公司相应的经济补偿，如果是非承运人原因，如天气、自然灾害、管制等航空公司不承担责任。

这个指导意见主要包括以下内容。航空公司因自身原因造成航班延误标准分为两个，一个是延误 4 ～ 8 小时，另一个是延误超过 8 小时。对于这两种情况，航空公司要对旅客进行经济补偿。补偿方式可以通过现金、购票优惠券和返还里程等方式予以兑现。在航班延误的情况下，为了不再造成新的延误，经济补偿一般不在机场现场进行，航空公司可以采用登记、信函等方式进行；机场应该制止旅客采取“罢乘”、“占机”等过激方式影响航班的正常运行。原民航总局也表示，具体补偿标准和补偿方案由各航空公司自行制定。按照原民航总局的计划，2004 年国内所有航空公司都将制定并公布《旅客服务承诺》，其中对航班延误给予旅客补偿的标准和办法是其中的主要内容。

2004 年指导意见出台后各大航空公司相继已经公布《旅客服务承诺》。多数国有、地方航空公司对制定具体的补偿标准反应都十分谨慎，强调注重改善服务，对补偿细则出台过程谨慎，2004 年 7 月，深航出台国内航空公司首个关于航班延误的现金补偿标准。

相关链接

各航空公司补偿标准

深航规定：因工程机务、航班计划、运输服务、空勤人员 4 种情况造成的航班延误，延误 4 ～ 8 小时，补偿不超过机票票面价值的 30%；延误 8 小时（含）以上，补偿不超过顾客所持机票票面价值的 100%。

国航和川航规定：航班延误在 2 小时以上的，如正值就餐时间，国航为旅客提供免费餐饮；航班延误时间超过 4 个小时，国航将免费安排旅客到宾馆休息，并提供从候机楼到宾馆的接送服务，延误在 4 小时以上的旅客可以获得包括里程兑换券、国航代金券（购买国航机票专用）等补偿。

南航规定（暂行）：航班延误在 4 ～ 8 小时的补偿 100 元，8 ～ 20 小时的补偿 200 元。

东航规定：购买东航票的旅客，如没有保险，就只能按民航局的补偿标准进行赔偿。

昆明航空公司（以下简称昆航）规定：无论飞机是因为故障还是因为天气恶劣导致的航班延误，无论旅客有没有购买保险，只要购买了昆航的票，按照规定，延误 4 ～ 8 小时，都会向旅客进行票面价 30% 的补偿，并安排食宿；延误 8 个小时以上，昆航将对旅客进行票面价 100% 的补偿，并安排食宿。

（资料来源：http://www.17n.net/news/newsinfo_274387. html）

民航业是一个高投入和高风险的行业，就我国民航业的现状来看，与发达国家相比，无论在规模和盈利能力上来说都还有很大的差距，航班延误在某种意义上来说对自身就是一个损失，所以航班补偿具体标准的出台显然是要经过深思熟虑的，需要一个过程也是很正常的。

对于旅客来说，指导意见的出台是长期维权取得得阶段性胜利的标志。但是也有部分旅客由于对民航业内情况的不了解，不分情况盲目要求补偿，旅客与承运方矛盾升级，严重影响了民航的正常秩序，这也是让民航工作人员深感头疼的难题。

3. 不正常航班旅客服务现状的表现形式

(1)“非洲鸵鸟”

现在民航大多数企业或管理者在面对航班不正常时，通常采取拖、延、扛的战术，以为自己不出面、不解释，旅客的不满情绪就可以大事化小、小事化了。模仿把头埋在沙土里的非洲鸵鸟，自欺欺人地以为，那样别人就看不见自己了。其实，这样做即使回避了一时的问题，却可能为更大的危害播下了种子。所以航班不正常时，不能与公众进行沟通，不向公众表明态度，只能招致外界的更大反感，只会损失更多。因此，面对航班延误，只有积极、主动与旅客沟通，表明我们的态度和诚意，才是避免危机的最佳途径。

(2)“挤牙膏”

也有部分民航企业，航班不正常时，他们会向外做出一些说明，只可惜很难开诚布公，勇敢承认自己的一切错误，而是被动地，像“挤牙膏”似的，一点一点地应付外界的质询与诘问，使旅客产生更大的恐惧与怀疑，给组织信誉带来致命打击，甚至消亡。

(3)“七嘴八舌”

中国有句古话叫“三人成虎”，讲的就是人多嘴杂的可怕。在现实生活中，由一人说出的话，经过多人传播后都会变了样，更何况由多人说出。所以，当航班不正常要对外发布信息时，必须先明确怎么发布，谁发布，跟谁发布，内部要确定统一的发言人，如果机场、航空公司、机场员工和机上乘务组发布的信息互不相关、甚至互相矛盾，那么事情只会越弄越糟。所以，越是这样的时刻，越要首先明确企业中对外信息发布的唯一出口，由这个人在第一时间传递出最适当的信息。因此，在航班不正常时，我们要说真话、及时说，并且只能用一个声音说话。

二、正确看待旅客的不满

很多旅客投诉的根本原因大多数不是飞机延误或取消，而是取消后的服务。很多旅客在飞机延误后的服务不到位，信息不透明，事实不清楚，解释前后矛盾，导致旅客对航空公司失去信任，而产生了后续投诉问题。

1. 让不满成为忠诚

有研究证实，通常一个顾客的抱怨，代表着另外25个没有向公司抱怨的顾客的心声。然而，提出抱怨的顾客，若问题得到了圆满的解决，其忠诚度会比从来没有抱怨的顾客高。麦肯锡公司有这样一组统计数字：有了大问题但没有提出抱怨的顾客，有再来惠顾意愿的占9%；有了大问题会提出抱怨的顾客，不管结果如何，愿意再惠顾的占19%；提出抱怨并获得圆满解决的顾客，有再来惠顾意愿的占54%；提出抱怨并快速获得圆满解决的顾客，有再来惠顾意愿的占82%。

由此可见，有效及时地处理顾客的不满意，化“抱怨”为“笑脸”，对公司的经营活动有着十分重要的意义。公司是通过满足顾客的需要来赢得利润并生存与发展的，而顾客不满意的根源就在于他们的需求没有得到满足。所以，明智的公司会让顾客觉得抱怨并不困难，并让顾客充分相信他们的抱怨会受到重视并能得到很好的解决，从而使顾客踊跃地提出自己的意见，而公司则从这些抱怨中找出顾客不满意的根源，进而提升企业的服务质量和产品质量，实现企业与顾客利益的双赢。为了方便顾客投诉，公司可以安装方便免费的服务电话、投诉电话，这固然增加了支付电话用度的开支，但因此及时解决了顾客的抱怨并追踪了顾客使用产品的状况，不仅赢得了顾客的好感，而且也了解到了产品可能改进的地方。

2．让投诉成为资源

顾客投诉是最常见却是利用得最不充分的资源之一。所以，企业要在顾客提出投诉意见时，给出快速的反应和解决方案。顾客的投诉涉及企业的各个环节，如对产品质量的投诉、对服务的投诉等，为了保证企业各个部分处理投诉时能保持一致、通力合作、快速高效，最终使顾客投诉得到圆满解决，企业需要建立处理顾客投诉的规范和制定统一的投诉治理制度。

练　习

1．面对一些航空公司在航班不正常时的做法，请谈谈你的观点和认识。

2．应该如何看待旅客的不满？

项 目 训 练

【目的】

1．体会不正常航班时旅客的情绪变化。

2．训练在不正常航班时控制自己的情绪，沉着应对，把旅客的利益放在第一位。

【内容】

当你接到不正常航班的通知后，请制定下列情况的服务方案。

机场的广播中开始出现航班延误的通知，但某次航班的旅客们并未听到原计划于11时起飞的该航班延误的信息，等待了大约30分钟后，安检程序重新启动。重新安检持续了30多分钟。当旅客们重新步入候机厅时已近12时，但广播里和电子显示屏上仍然没有某次航班延误的任何信息。旅客开始焦躁，有些旅客已经饥肠辘辘，但并没有得到机场或航空公司例行安排的午餐。有人开始质问机场人员。在经过几次三番的交涉后，旅客们听到了几种版本的解释：其一，上午安检时发现了爆炸物；其二，有关方面正在寻找某个关键人物；其三，机场实行航空管制；其四，飞机出现了机械故障。

【考核】

全班学生按4～6人分组进行情景模拟，然后引导学生进行点评，肯定优点，完善不足，营造宽松、和谐的讨论氛围，不允许批评和嘲笑，最后教师根据学生表现进行评审打分。

序　号	项　目	权重 /%	得　分
1	服务方案的完善性	30	
2	服务方案的可行性	30	
3	同学情景模拟是否积极、主动	20	
4	学习态度是否谦逊，是否能够接受意见、建议	20	
合　计			

【反思】

自我评价、学生互评或教师评估。

存在问题	解决方法

课外阅读

国外航空公司遭遇不正常航班时的做法

在发达国家，尽管航空运输市场已经较为成熟，但航空运输企业同样面临着航班不正常问题，其处理思路与方式值得我们思考和借鉴。

一、美国

美国运输部和联邦航空局（Federal Aviation Administration, FAA）没有任何针对航空公司不正常航班的具体法规文件，但美国航空运输协会对其成员航空公司提出了12项航空运输服务承诺要求。其中第二条明确规定“航空公司需告诉旅客已知的不正常航班”；第八条规定“发生长时间的机上延误时，航空公司需满足旅客的基本需求”；第十条规定“航空公司必须向旅客公布其不正常航班的服务承诺”。

1999年9月，14家美国航空公司对公众做出了各自的12项航空运输承诺。虽然承诺的具体内容各不相同，没有统一的标准，但大致可以分为航班延误、航班取消、航班备降等几种情况。

1．顺畅的信息沟通

在已确认航班延误且旅客没有抵达机场的情况下，美国各航空公司一般会及时向旅客发布信息，避免旅客在机场长时间的等待。在不正常航班中，相当一部分航班是航空公司已知的，如某一飞机在执行第一个航段时，因某种原因长时间延误，在其随后执行的航段必然会产生延误。在这种情况下，美国各航空公司大都会及时向后续航段的旅客提供航班延误信息，旅客可按照实际航班出发时间抵达机场候机，办理有关手续。

在旅客已经抵达机场但发生航班延误时，美国航空公司会在机场提供即时的航班延误信息。不同的航空公司，在不同的时间间隔内向旅客提供不正常航班信息。例如，美国西北航空公司和美国西部航空公司每15分钟向旅客提供一次航班延误信息。而美国大陆航空公司和夏威夷航空公司则每20分钟向旅客提供一次航班延误信息。通常情况下，航空公司向旅客提供的航班信息包括道歉、延误原因、预计延误时间、航班中转情况等，尽量使旅客通过这些信息了解延误情况。

2．必要周到的服务

发生航班延误时，部分航空公司会提供免费的5分钟电话卡服务。无论什么样的延误，美国西北航空公司都提供5分钟的电话卡服务；美国合众国航空公司只对可控的航班延误才提供5分钟电话卡服务；而阿拉斯加航空公司只给非天气原因导致的航班延误提供这种服务。5分钟虽短，但却是对旅客最好的心理补偿。

遭遇长时间的航班延误，美国航空公司一般会为旅客提供餐饮，但各航空公司提供的航班延误餐饮标准却不尽相同。

而对于不可控力导致的航班取消，美国各航空公司全部要求旅客自己解决吃住问题。在旅客遇到困难时，航空公司可以协助旅客联系宾馆，但费用还是由旅客自付。

在帮助旅客转换航班时，航空公司最多会为乘客支付高达200美元的机票，如果有其他交通方式，那么所提供的交通方式花费的时间，在国内不能超过旅客原航班到达目的地时间2个小时以上，在国外不能超过4个小时以上。如果超过了这些限制，或者航空公司没有为旅客提供出行安排，赔偿金额可以升至原来的2倍，达到400美元。

航空公司的飞机备降在同一城市的另一机场时，航空公司会使用地面交通工具将旅客承运到其原航班飞行目的地机场；备降在其他城市的机场时，则适用各航空公司的航班延误或取消的规定。

3．倾听旅客的心声

无论是可控还是不可控原因而导致的航班延误、取消和备降，美国的航空公司都不向旅客提供任何现金赔偿，但是可以协助旅客改签其他航空公司的航班或给旅客退票。

美国各航空公司在每一个机场都有其场站代表，全权代表其所在的航空公司处理因航班不正常而导致的任何问题。此外，旅客可以向航空公司书面投诉，美国达美航空公司和美国合众国航空公司会在30天内给投诉的旅客做出答复，而有的航空公司则在60天内回复旅客的投诉。

4．内部黑名单制度

在美国，一些航空公司会实行内部黑名单制度。虽然美国的航空公司都有明确的航空运输承诺、不正常航班处理程序和投诉制度，而且在航班不正常时，美国旅客几乎从没发生过与航空公司冲突的情况，但是这些航空公司还是建立了内部黑名单制度。航空公司会将在不正常航班中给公司带来麻烦的旅客列入其中，不再为这些旅客提供航空运输服务。

二、欧洲

目前，当航班发生延误时，欧洲航空公司会严格按照欧盟的“261”法规，对旅客提供及时服务和合理赔偿。

航班延误后，航空公司会向客人发放免费电话卡，提供的餐食质量和饭店档次也较高。延误航班到达目的地后，当地机场专门有一组人员接待旅客，并帮旅客换乘飞机。延误处理完后，他们会对旅客进行抽样调查，内容包括旅客对延误的处理，对航空公司员工的态度、效率和食宿质量等方面的服务是否满意等。

别小看这张调查表，它拉近了航空公司与旅客间的距离，表明了航空公司对延误的重视，让旅客感觉自己受到了尊重，在某种程度上也为旅客提供了延误后的一个宣泄渠道。大多数旅客会积极参与，表示不满或提出表扬。航空公司最终赢得的则是旅客的理解和回头率。

此外，德国汉莎航空公司在处理延误上也有自己的独到之处。据笔者了解，该公司没有专门针对延误的课题研究。他们认为，处理起飞时间延误的最好办法就是尽量避免到达时间延误。笔者有一次搭乘该公司的班机，飞机比原定时间晚起飞30分钟，但却正点到达目的地，未对旅客后续行程造成不利影响。

三、日本

尽管日本航空公司以安全和准时著称，但有时也会出现滞留旅客、取消航班现象，这主要是因为航空公司的工作人员罢工和坏天气造成的。

在遇到航班延误、航班取消时，除了在最短时间内通知发布信息外，日本航空公司一般不会为乘客提供其他的交通方式到达目的地，但可以为滞留旅客提供免费住宿，尽可能为他们提供便利。

然而，一旦飞机延误或取消是由于天气等非人为因素造成的，日本航空公司将不承担任何责任。对于滞留的旅客，航空公司会按照航空条例，为乘客提供水、休息物品、医疗检查等服务。

航班延误后，日本航空公司会争取使旅客行李能随旅客所坐的航班飞行。但由于安检原因，旅客行李也可能会随其他班机托运。在行李到达机场后，日本航空公司会尽快通知行李主人。

对于进行了安检却丢失的行李，日本航空公司须按照相关法律承担责任，但责任会根据旅行线路和起飞地点不同而变化。顾客如果事先向航空公司提交行李估价报告，并支付了相关费用，日本航空公司则需要进行额外赔偿。

四、印度

2010年10月29日，印度民航总局出台了一项新规定，即自当年11月1日起，如果飞机获得空中交通管制人员许可后的5分钟内没有开始向跑道滑行，就只能等待所有做好起飞准备的飞机离港后，才能适时重新得到起飞许可。

按照新规定，飞机驾驶员必须在计划离港时间前15分钟内向塔台申请起飞许可，而该许可有效时间仅为5分钟。也就是说，如果飞机错过了起飞时间，那么它将重新排队起飞。不过，新规定并不适用于因天气或紧急原因造成的航班延误。

印度民航总局局长表示，新规定旨在提高航空公司飞机的准点率，这样做可以迫使飞机正点起飞，同时也能吸引更多的旅客。

一位空中交通管制高级官员说："延误起飞会造成许多问题，包括导致同一时间内有多架飞机需要起飞。在过去2～3个月内，我们在新德里机场做了研究，研究显示，由于飞机延误起飞，造成跑道阻塞。"

据印度官方数据显示，印度航空公司航班延误现象严重。2010年9月，印度航空公司、印度捷特航空公司及翠鸟航空公司（该公司现已停运）有20%的飞机出现延误，其他航空公司则有10%的飞机出现延误。

（资料来源：http://www.17n.cn/airinfoshow_42882.html）

从上面这些国家的处理中，可以得到以下启示。

1）明确航空运输承诺。让旅客知道航空公司和旅客自身的权利及义务，可以减少不必要的误解和冲突。

2）及时向旅客提供航班信息。对没有到机场候机的旅客而言，避免了因航班延误而造成旅客在机场长时间等待，也减少了航空公司因航班延误而增加的经营成本。对于已在机场候机的旅客而言，及时提供航班信息则有助于旅客决定是否对行程做出调整。

3）处理起飞时间延误的最好办法就是尽量避免到达时间延误。一旦航班起飞时间晚点，那么机组就尽可能保证航班到达时间正点，这将给旅客造成的麻烦和不便降至最低。

4）设立黑名单制度。这一方面消除了制造"麻烦"的旅客对航空公司再次造成负面影响，另一方面也震慑了一些潜在的故意给航空公司制造麻烦的旅客。

第三节　满足不正常航班旅客的服务需要

一、航空公司和机场的应对策略

不正常航班的发生，既无法预计也无法避免。因此，航空公司和机场对于不正常航班的服务，就要有更大的责任和压力，面向社会推出品牌产品及承诺，实行标准化服务管理，做到自始至终实现对服务品牌的承诺。因此，航空公司和机场要建立一整套的服务操作规范与流程，准备好完善的不正常航班服务预案。

1. 航空公司和机场的责任与义务

我们首先要明确在航班不正常时，作为航空公司与机场应该担负的责任与必须履行的义务，这样才能更清楚服务的目的和更加有效地开展服务工作。

(1) 责任

由于机务维护、航班调配、商务、机组等原因所造成的航班在始发地点延误或取消，航空公司或机场应按其规定向旅客提供膳宿安排的服务。关于航班不正常时膳宿安排的规定：一般来说，延误2小时以内的，应提供饮料，如遇进餐时间，应提供餐食；延误超过4小时的，应提供宾馆休息。由于天气、突发事件、空中交通管制、安检及旅客等非承运人原因所造成航班在始发地延误或取消，航空公司与机场应协助旅客安排膳宿，费用一般由旅客自理。航班在经停地点延误或取消时，无论何种原因，承运人都应负责向旅客提供膳宿服务。承运人和其他保障部门应相互配合、各司其职、认真负责，共同保障航班正常，避免不必要的航班延误。

（2）义务

在发生不正常航班后，航空公司与机场的义务主要有以下3个方面：

1）告知义务。航空公司应当向旅客及时告知有关航班不能正常的重要事由，以及安全运输应当注意的事项。航班延误或取消时，航空公司与机场应迅速及时将航班延误或取消等信息通知旅客，做好解释工作。

2）补救义务。按照机票载明的时间和班次运输旅客是航空公司与旅客的合同约定，如果航空公司延迟运输的，不管是什么原因，都已经违反事先约定。因此，航班延误或取消时，承运人应当根据旅客的要求，按规定认真做好后续航班安排或退票工作，实施应有的补救。

3）赔偿义务。对旅客因航班不正常所造成的损失，航空公司应按照规定予以赔偿。

2．航空公司和机场的服务要求

（1）信息及时透明

航班延误后，航空公司和机场力争第一时间通知旅客，并尽量告知预计延误的时间，及时帮助延误旅客候补改签其他航班。不管是什么原因，发生了航班不正常，旅客有知情权和选择权。航空公司应当及时准确地把延误的理由、能正常起飞的时间告诉旅客。否则，即使航空公司做出赔偿，也可能“举座不欢”。

大部分旅客相对来说比较谅解航空公司的运营，在航班延误之后，要求也不高，只想知道延误的原因，延误到何时，延误的赔偿方式（并不是旅客的初衷），航空公司采取了哪些措施来补救等，一旦这些基本要求没有达到，往往会让简单的事情变得复杂化。

（2）顺畅的沟通

航班延误时，航空公司和机场的所有客服电话基本被打爆，根本打不进去，网站上显示的也只是已经发生的航班的信息，顶多是说延误，没有更多的帮助旅客辨别的信息。沟通的不通畅是大量旅客滞留，机场混乱，航空公司挨骂，民航局受批评的核心问题。

（3）相关配套安排应周到

相关服务很不到位，不仅限于提供饮料、餐食等这些最基本的需求还包括其他相关的配套安排。航班延误后，势必会影响到部分旅客的行程安全，如中转航班的旅客，工作人员应尽量为旅客安排妥当，让旅客等得安心。

（4）严格按照规定处理和补偿

出现航班延误，应严格按照规定处理和补偿，旅客不去交涉也可以得到。

目前来说，航空公司总是采取息事宁人的态度，以至于闹事的旅客往往收到更好的待遇。这种情况下，毫无疑问增长了旅客下次航班延误时闹事的信心，因为有先例可言，他们上次的做法得到了较好的待遇，这次也会一样。并且，这种做法已经被认为是应该的了。

（5）重视与媒体沟通

航班延误后，民航方面也要主动和媒体进行沟通，就延误原因、采取了哪些补救措施、对旅客做了哪些安排等及时反馈给媒体，以此来保证媒体听到了两面之词，至少保证记者不是完全跟着旅客的情绪走，信息对媒体的及时传达，在很多时候，可以让一则坏新闻变成好事情，这些信息的传达也会影响到普通民众对航班延误的认识，消除对民航方面产生的许多误解。

（6）维护公司权利

如果旅客不上飞机，在多次劝说无效的情况下，航空公司应该维护自己的权利，放弃这些旅客来维护航班正常，根据有关法律来维护航空公司自身的权益。根据合同法，当事人一方违约后，对方应当采取适当措施防止损失的扩大；没有采取适当措施致使损失扩大的，不得就扩大的损失要求赔偿。也是说，①航班延误后，航空公司或机场有关方面通知旅客及时登机是防止损失扩大的最佳方式，也是最有效的方式。如果旅客拒绝登机，就是没有履行减轻损失义务，对违反这种义务造成的损失，只能由旅客自行承担。②旅客拒绝登机属于拒绝履行合同，是一种违约行为。在反复耐心劝说旅客并向旅客说明不登机造成的后果以后，如果劝说无效的情况下，航空公司应该理直气壮地维护自己的权益，对比造成的后果双方只能用相关法律手段来解决。

二、服务人员的应对策略

航班不正常是所有服务人员不愿意看到的事情，但是发生了必须主动地面对。一线服务人员代表的不仅仅是个人，而是航空公司和机场，服务人员的服务态度和处理方法直接关系到顾客的满意度。每一个工作人员，要从责任心出发，做到：突发事件应变快，航延服务决策快，处理问题行动快；航延工作要上心，对待工作有信心，解释问题要真心，服务工作要细心。

1. 态度诚恳，尊重旅客的人格

诚恳的态度决定事情的最后结果，不一样的服务态度有不一样的服务结果。所以，改变服务的态度，尊重旅客的人格，将为航空公司赢来旅客的满意和感激。航空公司在延误事件发生之后，不管是什么原因导致的延误，不管公司有没有直接的责任，结果都是旅客因为乘坐公司的航班遭遇了时间和其他方面的损失。从道义上说，公司也应该向旅客表示自己的歉意，并妥善安排旅客。旅客不仅关注事实真相，在某种意义上更关注当事人的态度。诚恳的态度能得到旅客的谅解，方便后面工作的展开。而冷漠、傲慢、敷衍、拖延只会造成危机恶化。

2. 换位思考，理解旅客

换位思考是人对人的一种心理体验过程。将心比心、设身处地是达成理解不可缺少的心理机制。它客观上要求我们将自己的内心世界，如情感体验、思维方式等与对方联系起来，站在对方的立场上体验和思考问题，从而与对方在情感上得到沟通，为增进理解奠定基础。它既是一种理解，也是一种关爱。

在航班不正常时，旅客极易产生急躁情绪，这时需要服务人员具有良好的涵养，充分理解对方的心情，豁达、大度、宽容，从换位思考的角度谅解旅客的一时冲动。若能够站在旅客的角度，明白旅客的需求，则处理问题时就有针对性，更能获得旅客的理解与支持。

3. 加强沟通，听问说缺一不可

有效沟通是实现卓越服务的第一步。服务人员应该注意 3 方面的问题：一听，从旅客的倾诉中获得信息，了解他们的真实想法，让旅客有一个情绪发泄的地方，不要去辩解，更不要推卸责任，通过倾听建立信任；二问，确认信息的真实情况，引导旅客情绪，共同寻找解决办法；三说，向旅客传递信息、传递感情，用真诚的道歉，坦率的沟通，赢得旅客的理解和信任，避免问题的升级，更为重要的是为公司赢得处理问题的时间。

4. 动之以情，人性化的服务

遇到航班延误、取消等不正常航班时，对于部分旅客来说会有愤怒、焦躁的情绪，而对正在处于情绪化中的人来说是没有道理可讲的，这时侯他相信的是有形的东西，不如提供实际的服务。“要动之以情，避免晓之以理”。“晓之以理”的工作应该放在旅客情绪平息后，或者放在平时的旅客教育中来进行。

练　习

1. 航班不正常时，航空公司和机场应该承担哪些责任与义务？
2. 航班不正常时，航空公司和机场的服务要求有哪些？
3. 航班不正常时，服务人员的应对策略有哪些？

项 目 训 练

【目的】

1. 航班不正常时，服务人员要掌握安抚旅客情绪的方法与技巧，不可冲动、鲁莽。
2. 明确航班不正常时航空公司的处理流程与方法。

【内容】

员工向滞留旅客下跪磕头道歉　乘客无动于衷

2010 年 7 月 18 日，在天涯论坛三亚版出现《康森台风登陆，某航大叔对延误的乘客下跪道歉》一帖子及视频。视频中，一位自称地勤工作人员 53 岁的大叔做 90° 鞠躬，并要求旁边的工作人员一并鞠躬，说：“现在航班马上就要起飞，我们还有 37 名旅客没有登机，对于你们这几位还没有登机的旅客，我们第二次表示深深的道歉。”但是一位女乘客不

为所动，连续大喊：“没用、没用……”并要求“有实质性的东西”。“大叔”再次劝说旅客登机未果，随后单膝下跪，抱拳高举头顶。女乘客依然大叫没用。大叔随后双膝下跪，两手撑地，额头点地。旁边的工作人员想扶起大叔，大叔皆拒绝。女乘客大喊：“到现在多久了？ 7个小时了。赔钱不就完了？”随后，女乘客还欢呼：“没用的，让他跪着好了。Oh YEAH！”与此同时，有乘客喊：“一人给发1000。”直到两名乘客拉大叔起来，大叔才起身，并解释是天气原因导致航班延误。但女乘客继续大叫“没用”，并称：“跪两下就值7个小时？”

随后，在网络中出现了一篇署名为大叔侄女写的一封信。

给下跪大叔的一封信

大叔：

见到您，已经是十多天前的事情了。自从见了您第一面，我就知道，您将会成为我心中的痛，刻骨铭心的痛。这些天来，我试图将您忘记，但我做不到，真的做不到。半夜醒来，眼前总是浮现出您的身影，注定了又是一个失眠的夜晚。大叔，您不会说我没用吧！

大叔，知道吗？看见您下跪，我有多伤心！我也经常坐飞机，航班延误不是您一个人的错啊，大叔！我到现在都没有想明白，您究竟为什么下跪？是什么原因促使您下跪？

大叔，知道吗？看见您下跪，我有多伤心！在地勤工作二三十年了，难道旅客不登机，会使您丢了工作不成？难道工作手册、工作条例中有规定，必须使用一切方法，包括不惜使用失去人格尊严的非常规手法来为“上帝”服务，求得“上帝”的谅解和宽容吗？对于这个，我宁愿相信没有，如果有，那您所在的就不是一个优秀的公司，一个优秀的企业。您是地勤，服务于机场，服务于旅客，这是没错的。要是没把旅客请上飞机，工资、奖金、福利，是不是会被扣掉呢？如果是这样，我会更伤心的。男儿膝下有黄金，只跪苍天和娘亲，这句话包含着一个贵重的价值观，您应该是非常懂得的，不是吗？

大叔，知道吗？看见您下跪，我有多伤心！在外辛苦工作，赚钱养家，多么不容易啊！您的发妻天天盼您早点下班回来，看见您春风满面，能给您一盆热水，一碗热汤面，一个热吻，表达对您的爱，那是您俩儿共同拥有的幸福。要是她知道了，那还不得心都碎了呀！还有那白发亲娘，要是让她知道，那可更了不得：我的儿啊，这是哪辈子造的孽哦，要你受这般的屈辱和苦难，苍天啊大地，就让我少活几年吧，给我儿一个平平安安吧！

大叔，知道吗？看见您下跪，我有多伤心！如果您有女儿，想必也该和我一般大小，要是让她知道了，那她该会有多伤心啊！您是她的神，她心目中伟岸的父亲，千斤重担一肩挑的坚强父亲，居然要在外表光鲜的工作中承受如此之重，以至于都站不稳，站不住，需要双膝跪地来支撑，可怜的父亲，我的最爱。您的女儿看到了您的视频，她早已泣不成声，泪流满面。

大叔，知道吗？看见您下跪，我有多伤心！在您下跪的那一刻，我无法分辨对和错，道德和良心到底是孰重孰轻，这让我很迷茫。生活中，我们有许多事情做得不够多、不够好。就如视频中那声声“没用”，把一个女子推到了风口浪尖，很多人在骂她，鄙视她。面对您的下跪，不谅解、不宽容、不怜悯，不是她的错。但是，就那一刻，选择用沉默表示抗议，不也是一种方法吗？大叔，您也会认为网络中所说的女子是一个恶人，一个悍妇吗？不会吧，应该不会。我觉得最多只是“一只愤怒的羔羊”罢了。您的举动，并没有带来和谐，反而把人与人之间的距离拉远了。让我们看到的人性本善的同时，也看到了人性的弱点。更加看到了某种环境和体制下，体现出来的不合理、不合情。探讨的同时，大家是不是都想到了应该转变，应该完善呢？

大叔，知道吗？我刚刚买了红花油，有空的时候给您捎去。大叔，我的傻大叔，您那脆弱缺钙的双膝，您那把老骨头，怎么能担得起如此之重呢？

爱您的侄女 SIMA

2012.03.16.

（资料来源：http://news. ccaonhina.cn/Article/2012-03-19/302142_1.shtml）

问题：

1．阅读上面的案例，分析“没用女”的心理需求，你如何看待这位旅客的做法？

2．假若你是案例中的服务人员，碰到这种情景时该如何处理。

3．你如何看待大叔的做法？读了这封信你有何感想？

【考核】

全班学生按 4 ～ 6 人分组进行讨论，然后选派小组代表进行阐述，允许小组成员相互补充完善，其余学生若有疑问可随时提出质疑询问，营造宽松、和谐的讨论氛围，不允许批评和嘲笑，最后教师根据学生表现进行评审打分。

序　号	项　目	权重 /%	得　分
1	观点是否正确	10	
2	理由是否充分、有说服力	40	
3	表达是否清晰、准确	10	
4	参与讨论是否积极、主动	20	
5	学习态度是否谦逊，是否能够接受意见、建议	20	
合　计			

【反思】

自我评价、学生互评或教师评估。

存在问题	解决方法

第七章　旅客的投诉心理及服务

投诉是旅客对服务品质不满的一种具体表现。从旅客的角度来讲，首先是一种主观上的判断，认为自己的需要没有得到满足，自己的合法权益受到损害，或者认为被投诉者的工作有进一步改善和提高的必要，而向有关人员和部门进行反映或要求航空服务人员给予处理。旅客投诉是不可避免的，航空公司要积极解决投诉的问题，消除旅客不满情绪，提升服务品质。

知识目标

- 掌握引起旅客投诉的主客观原因。
- 了解旅客的心理需求和投诉心理。

能力目标

- 能妥善处理旅客的投诉，塑造民航企业的良好形象。
- 会正确处置民航服务中的紧急突发事件，提升旅客满意度。

第一节　旅客投诉的原因

让我们先来看一组统计数据：

26 个不满的顾客中，只有 1 个产生投诉行为；

1 个不满的顾客会把他糟糕的经历告诉 10 ～ 20 个人；

6 个严重问题中，只有 1 个人发出抱怨声；

投诉者比不投诉者更有意愿继续与公司保持关系；

投诉者问题得到解决，会有 60% 的投诉者愿与公司保持关系，如果迅速得到解决，会有 90% ～ 95% 的顾客会与公司保持关系；

1 个满意的顾客会把他的感受告诉 1 ～ 5 个人；

100 个满意的顾客会带来 25 个新顾客；

维持 1 个老顾客的成本只有吸引 1 个新顾客的 1/5。

由此可见，投诉对企业而言是有很多益处的，旅客不会无缘无故地生出不满并进行投诉，导致旅客投诉的原因多种多样，总结起来可以分为主观原因与客观原因两个方面。

一、正确看待旅客的投诉

1. 投诉是无法完全避免的

不论民航企业的经营管理多么完善，也不论民航服务人员怎样尽心尽力，要想在服务中使每一位旅客时时处处都感到满意，这是绝对不可能实现的。

尽管民航服务人员千方百计地为旅客提供尽善尽美的服务，但事实上无法避免因为某些工作上的差错或者旅客的误解，而导致旅客产生不满情绪，甚至引起旅客的投诉。事实上，乘坐飞机的环境、卫生，或者是食品质量、服务人员的态度等，都会遇到旅客的投诉。即使是那些管理水平高、服务很好的民航企业和最优秀的民航服务人员，也难以完全避免旅客的投诉。旅客投诉的多样性及民航服务的差异性，必然会导致抱怨。如果民航企业重视服务质量管理工作，遇到的投诉可能会减少。

当碰到旅客投诉时，服务人员不必过度的惊讶甚至惊慌失措，而应当保持平和的心态去面对。一方面，旅客之所以产生不满并采取投诉的方式宣泄不满的情绪，说明民航企业的工作还有需要改进的地方。旅客提出来是出于对民航企业的信任，是支持民航企业工作的一种表现。如果旅客看到或者是亲身经历不良服务而不指出时，那么这位旅客今后可能不会再次光顾该公司，而且可能会告知身边的人该公司的服务非常恶劣，从而导致部分潜在的客户流失，这样一来会给民航企业带来更大的损失。另一方面，旅客之所以产生不满并进行投诉，是由于自己的利益受损。几乎所有的旅客都要求自己的消费能够物有所值。如果旅客认为此次消费不值得，就会感到不满，并希望通过投诉讨回他应该得到的东西。民航服务人员应该把旅客的投诉，看做是旅客维护自身利益的一种方式。

2. 投诉对民航企业的发展是有益的

旅客的投诉并非都是坏事，实际上旅客如同航空公司的一面镜子。通过旅客的投诉，企业可以发现自身难以发现的不足之处；通过旅客的表扬，企业可以了解旅客的需要是什么、哪些方面是企业的优秀之处。因此，航空公司不要只盼望得到表扬而惧怕投诉，而应该感谢旅客的投诉，感谢旅客帮助企业发现问题，促使企业改正问题，提高服务质量。所以说，对那些愿意当面诉说心中不满的旅客，民航服务人员应予以善待，抱着感谢的心情倾听他们诉说，接受他们的意见，并迅速采取措施进行改正。

投诉也是企业向旅客学习的机会。任何调研都不能像旅客投诉那样为航空公司提供针对性极强的信息，投诉是客户不满意的一大信号。但是，在实际工作中，一般都把注意力集中到追究谁的责任或对投诉的处理上，却忽略了旅客的真正需求。由于旅客投诉是与市场紧密相关的，从旅客投诉中，管理人员往往可发现未满足旅客和市场需求的构思和服务设想。

相关链接

民航旅客投诉渠道

如果旅客感觉航空服务不满意时，可以向航空公司或民航局消费者事务中心投诉。保留旅客所有的旅行文件（机票收据、行李交运标签、登机牌等）和由错误处置造成的实际费用支出的收据。

无论旅客采用电话投诉、书面投诉还是网络投诉，一定要把下面几点写清楚。

1）描述发生了什么事，包括日期、城市、航班号或航班时刻及当事人姓名或工作号。

2）随信附客票、收据或支持旅客投诉的其他文件的复印件，不要寄原件。

3）明确提出旅客的要求。

4）写上旅客姓名和联系电话。

目前，国内各大航空公司都有自己的投诉电话、专门负责投诉的部门，从这一点来看，航空公司、机场还是非常愿意接受旅客的意见和建议的。

解决问题可以先从航空公司开始。因为，在旅客选择向民航局或社会上的消费者协会投诉之前，应该给航空公司一个解决问题的机会。

在航空公司的网站或一般的宣传手册上，航空公司会公布自己的投诉电话。通常，航空公司在机场设有“客户服务代表”，可以在现场解决许多的问题。一般情况下，他们可以为不能登机的旅客安排餐食和住宿，为被拒绝登机的旅客填开补偿机票，解决小额索赔和投诉等。

如果在机场旅客得不到合理的解决，可以向航空公司的投诉处理部门写信或打电话：具体描述自己乘坐的航班号、日期、航班时刻；期间发生了什么事情，让旅客感到受到了权利侵犯；并说明旅客因此是否增添了麻烦或者遭受了什么经济损失；更重要的是，说明旅客希望航空公司做什么，是一个道歉，还是经济补偿，或是以后注意要改进相关的服务。以上要求最好以书面形式传递给航空公司的投诉部门，同时附上旅客详细的联系方式，以便他们及时和你取得联系。

民航局也设有消费者事务中心，专门负责旅客的投诉事宜。民航局非常重视消费者的意见和建议，并根据这些投诉督促航空公司和机场加强管理改善服务。每一位旅客的投诉问题无论大小、事情无论轻重都会按照相关的法律法规政策得到明确的解答。如果旅客反映的问题属于安全或保安方面存在的某种危险，也可以写信给民航局。

如果上述方式都不起作用，可以采取法律途径解决。

（资料来源：http://china. findlaw. cn/info/hangkongfa/lkzs/173533. html）

3. 区别对待旅客的“挑刺”

有时候旅客的投诉未必合情合理，也会有旅客胡搅蛮缠，故意挑刺。服务人员遇到旅客投诉事件，首先要从自己一方找原因，也就是先自省，如果过错方是自己，就要及时道歉并为旅客解决问题。如果是旅客故意挑刺，提出不合理要求，服务人员首先要做耐心的解释，尽量大事化小，以免给企业带来不必要的麻烦和声誉上的影响。如果旅客执意坚持不合理的要求并做出损害企业利益的行为，应该及时运用法律的武器维护公司和自己的权益。

二、引起旅客投诉的原因

1. 客观原因

（1）因航班不正常时的后续服务不到位引起的投诉

旅客投诉主要集中在航班延误、航班取消和机械故障、飞机调配及合并航班后等航班不正常时出现的服务问题。

航班晚点评价指标一是晚点率，二是晚点平均时间，我国民航这两项指标都呈上升的趋势。近些年来，我国民航业的航班正常率有所下降。“十五”期间，我国航班正常率为82.1%，“十一五”期间我国航班正常率下降为81.5%。且近两年，航班晚点有愈演愈烈之势。2010年我国民航航班正常率跌破80%下降到75.8%。2011年，我国民航业航班正常率为77.2%，较2010年稍有提高。但这并不说明我国民航管理部门对该指标控制能力的增强，《中国民用航空发展第十二个五年规划》中，航班正常率的规划目标为大于80%，不保证能高于“十一五”期间，显示出对该指标的弱控制能力。

此外，航班平均延误时间有所增加。我国民航局界定的正常航班是指，在航班时刻表公布的离站时间后15分钟（北京、浦东、广州及境外机场30分钟，虹桥、深圳机场25分钟，成都、昆明机场20分钟）之内正常起飞，未发生返航、改航、备降等不正常情况的航班；在航班时刻表公布的到达时间前后10分钟之内落地的航班。航班计划的离站或到达时间均以开关机门时间为准。在这一标准下，根据我国民航局的数据，2005年，我国民航业航班平均延误时间为58分钟，《中国民用航空发展第十一个五年规划》提出，至2010年该指标降低为小于43分钟，而实际到2010年，平均延误时间为60分钟。民航业的“十二五”发展规划，干脆将“航班平均延误时间”这一约束性指标从“民航发展主要指标”中剔除了。

2012年4月发生的两起“拦飞机”事件，直接起因是飞机晚点，4月11日事件航班晚点超过16小时，4月13日事件航班晚点超过6小时。

（2）因售票差错、退票、超售问题引起的投诉

纸质机票逐渐被电子机票取代，旅客的订票方式和登机习惯都面临改变。旅客拿着身份证就能登机，对于这种方式消费者还不太适应，在订票时一些“中间环节”没能核实清楚，出现了姓名写错、航班信息不对等问题。

以往国内航班的退票费收取是以退票时间为准的，比例是按照不含机场建设费和燃油附加费的机票价格来计算的。例如，飞机起飞前 24 小时退票，退票费为票面票价的 5%；起飞前 2 ～ 24 小时，退票费为票面价值的 10%；起飞前 2 小时内，要收票面价值 20% 的退票费；而飞机起飞后退票费则会“涨”到票面价值的 50%。从 2007 年 7 月开始，全国各大航空公司均实行了按照票价折扣收取退票费的退票政策，各航空公司执行的具体标准并不相同，但基本都有着折扣越多退票费收取比例越高的规律。目前，各航空公司退票费标准不一，一般退票费根据机票折扣来收，标准从 5% ～ 50% 不等。例如，某航空公司退票费标准如下：旅客在航班规定离站时间 24 小时（含）以前要求退票，经济舱全价票收 5% 退票手续费；7 ～ 9 折收取 10% 退票手续费；5.1 ～ 6.9 折收取 20% 退票手续费；4 ～ 5 折收取 30% 退票手续费；4 折以下原则不得退票。因此，许多旅客表示，航空公司的规定是典型的“霸王条款”。国家没规定打折机票不能退，航空公司单方面的格式条款，剥夺了自己的公平交易权。这种行为完全是航空公司的“潜规则”，打折是航空公司的自愿促销行为，不能把机票售出后的风险和责任强行让旅客单方承担。

此外，为满足更多旅客的出行需要和避免航空公司座位的浪费，航空公司会在部分容易出现座位虚耗的航班上，进行适当的超售。机票超售本是国际惯例，但却落实不了国外机票超售的“配套惯例”，如告知消费者对超售机票进行自主决定和无法登机的赔偿标准等，已经侵犯了消费者的知情权，剥夺了消费者的选择权。

（3）因行李运输延误、破损和丢失引起的投诉

据民航局统计数字显示，2012 年第一季度民航消费者通过民航局对航空公司的有效投诉为 53 件，其中行李投诉 24 件，占总有效投诉率的 45.28%，呈直线上升趋势。

托运行李差错问题现已成为民航服务的最大“软肋”，主要包括延误、破损和丢失。延误主要是因漏装滞留在始发托运机场；或分检有误，装错飞机南辕北辙；或装错舱位未能及时卸下所致。破损是因包装不牢，或因野蛮装卸所造成。丢失主要是因行李标签粘贴不牢，脱落后不知去向；或因行李牌填写不清；或因行李厅灯光昏暗辨认不清付错；或因保管不善被盗。

行李问题直接打乱了旅客出行的时间。据有关调查表明，目前我国旅客选择乘机出行，83% 是为了快捷。然而，旅客对时间的计划是按照航班时刻安排的。依理而言，只要旅客购买了机票和办理了行李托运手续，便意味着承运合同已生效。作为承运人的航空公司，就理应按照合同的要求，担负起承运的责任和义务，使旅客及行李同机（不可抗力原因除外）实现由甲地到乙地的位移。然而，行李差错的出现，不仅是一种简单不过的违约现象，更重要的是处理行李问题极其麻烦，需要进行查找、核实、鉴定和向航空公司请示汇报等程序，势必耽搁较长时间。尤其是这种差错时常与航班不正常“结伴”，更是把时间消耗殆尽，将民航快捷的优势抛得无影无踪，直接影响旅客的中转和行程，致使旅客“花大钱、赶晚集”。

此外，行李差错直接影响了旅客出行的目的。旅客乘机出行或办理公务，或经商，或旅游，或走亲访友等，都是有明确目的的。在旅客托运的行李中，最常见的有公务文书、

技术资料、商务合同和其他重要物品等。这些物品很多是与旅客出行目的相一致的，有些不仅是为出行目的服务的，且有可能直接是旅客出行的目的。但是，由于行李差错的发生，不仅耽误了时间，尚很有可能使旅客的事务办不成、错过商机，使钱白花、工白搭、目的化为泡影，其后果严重性不言自明。

2. 主观原因

引起旅客投诉的主观原因是来自民航服务方面的原因。一般情况下，如果能够进行恰当、合理的安排，旅客对于票难买，各种原因的航班延误，取消等情况是能够理解和宽容的，很多旅客是在对服务忍无可忍的情况下才进行投诉的。

引起旅客投诉的主观原因主要有以下两个方面。

(1) 不尊重旅客

中国民航管理干部学院社会科学系的陈淑君副教授认为，造成民航服务缺陷的主要原因是长期以来民航内部形成的“以我为尊”的思想。在短缺的计划经济时代，航空运输资源非常有限，普通老百姓几乎没有机会接触到“高贵”的空中交通，民航业在一定程度上显得很神秘。这种思想让部分民航人有一种优越感，缺乏服务意识。另外，陈淑君也强调，近年来，民航消费逐渐走向大众化，旅客结构也发生了很大变化，民航缺乏对旅客真实需求的分析了解，而是想当然地提供了一些产品和服务。出现不尊重消费者的现象也就不足为奇了。

这是民航服务中引起旅客不满的一个首要原因。其具体表现有如下几个方面。

1) 对旅客不主动、不热情。航空公司为每项服务都制定了标准，服务人员也许会严格地执行服务标准，但是在执行的过程中，态度可能会比较生硬，这就会使旅客产生挫折感，从而导致服务失误。例如，在办理登机手续时，服务人员虽然按照程序为旅客办理了手续，但是在服务过程中与旅客没有目光交流，神情冷漠、态度冷淡，致使旅客感觉不舒服。有的服务人员不主动称呼旅客，或者常常以“喂”代替；有的则对待旅客态度冷淡、爱理不理，旅客多次招呼也毫无反应或简单回答“没有”、“不知道”；有的服务人员接待外国人热情，接待同胞态度冷淡。

《人民日报》海外版登出的《中国民航的“没消息”》中写道：现在的中国民航已不属于用“天气不好”、“机械故障”这类具有国际知名度的语言回答旅客的询问了，而是采取了更为简单的方式：“没消息”。“为什么晚点？”“没消息”；“什么时候起飞？”“没消息”。处于这种情况下，旅客的心理得不到满足，不仅影响了旅客的利益，而且还会引起旅客的投诉。

2) 不尊重旅客的风俗习惯。我国地大物博，有56个民族，每个民族都有各自的民俗民风、生活方式，不同民族的人在飞机上也希望能像在家乡一样得到尊重和照顾。例如，不少维吾尔族旅客认为人们忌羡他物或忌妒贤能的眼光，具有某种超自然的恶的力量，会给所喜爱的人、物或所从事的事业带来种种不利。有些民航服务人员原本是满怀喜爱地去凝视维吾尔族旅客漂亮聪明的孩子，但在他们看来会使这个孩子遭到某种不幸而心生怨愤。

3）不注意语言修养冲撞旅客。有的服务人员对旅客品头论足、讽刺挖苦、冲撞旅客。在服务行业中，语言的规范化与艺术性是非常重要的，它反映了一个人的素质与修养。服务人员与被服务对象之间的沟通主要是靠语言，语言的得体、大方、艺术，不仅可以使人心情舒畅，而且可以化解矛盾。

例如，机上某位旅客要喝可口可乐，可是这种饮料已经没有了，乘务员就简单地说："没有可口可乐了，你改喝别的吧。"但这位旅客却非可乐不喝，乘务员也不客气，"你爱喝不喝，可乐就是没有。"于是双方发生争吵。这时乘务长拿一罐可乐走过来，温和地说："非常对不起先生，普通舱的可乐的确没有了，这是我从头等舱特意为您拿来的，请用。"于是，一场冲突化解了。旅客也不好意思地低下了头。这样的例子数不胜数。

（2）工作不负责任

工作不负责任是指服务人员在工作时不细致、不认真，粗枝大叶、马虎了事。在旅客选择乘坐飞机出行的时候，不仅仅是因为飞机是一种便捷的交通工具，同样，旅客在购买机票乘坐飞机的时候，更需要得到一种公平、文明的服务。作为民航员工，一定要有文明诚信的服务观念，保持谦和的服务态度，充分利用航空的文明环境，为客户提供个性化、差异化的适度服务，始终坚持"想旅客所求，急旅客所需，排旅客所忧"的服务理念，为旅客提供全方位、周到、便捷、高效的服务。服务过程中，应做到操作标准、服务规范、用语礼貌、举止得体，否则，就不能给旅客留下良好印象，还可能失去旅客的信任而遭到投诉。其具体表现在以下 3 方面。

1）旅客的需求没有得到满足。有时候旅客明确表达了需求，但服务人员会对这类需求视而不见，如没有满足旅客在登机时对座位的需求、旅客要求热白开水而无法提供、行动不便的旅客提出需要轮椅而无法满足等。有时候旅客可能没有直接陈述自己的服务要求，但是也希望服务人员为其提供服务，如当乘客要把行李放到行李架时希望得到乘务员的帮助。

2）清洁卫生工作马虎。一些食品或环境卫生不整洁、服务人员的态度散漫与不仔细，也会引起旅客的不满而导致冲突与投诉。

3）弄脏或损坏旅客的物品。有些服务人员本出于好意，主动帮旅客把行李放到行李架，但动作过大，用力过猛，没能做到轻拿轻放，导致旅客行李内的易碎物品损坏。在为旅客提供饮食服务的过程中，有些服务人员马虎大意，将饮料洒在旅客的座椅或者衣服上。往往都是看似微不足道的细节，最终引起旅客的投诉。

无论是主观原因还是客观原因引起旅客投诉，都是民航旅客的心理需求得不到满足，旅客个人利益受到损害而引起的。因此，要真正解决或避免旅客的投诉，关键在于服务人员的优质服务，解决旅客的困难，满足旅客的心理需求和维护旅客的利益。

练　习

1．简述引起旅客投诉的客观原因。

2．简述引起旅客投诉的主观原因。

课外阅读

英国航空公司是如何安抚有抱怨的旅客的

曾有一段时间，英国某航空公司（以下简称英航公司）发现乘坐该航空公司飞机的旅客越来越少。后经调查，发现旅客越来越少的原因主要是公司不能很好地处理旅客的抱怨。而旅客的抱怨主要是因为该公司有许多的规定没有让旅客知道，旅客在旅行过程中妨碍乘务人员的工作，乘务人员就会责怪旅客。

根据英航公司对旅客做的调查，如果对旅客的抱怨处理得当，67%的抱怨旅客会再度搭乘英航公司的班机。平均一个商务旅客，一生如果都搭乘英航，约创造150万美元的营业额。如此计算，任何能改善旅客服务的做法，都是最好的投资。所以，英航公司针对旅客的抱怨做了以下的补救措施。

1）英航公司装设了录影房间，不满意的旅客可以走进该房间，直接通过摄影机向英航总裁本人抱怨。

2）耗资679万美元，安装了一套电脑系统，来研究旅客的喜好。英航公司就针对旅客的喜好做出理想的服务方式。

3）设立品质服务专员。英航公司设定服务品质标准，由专门的服务人员监督和实行。品质服务专员的任务就是搜集、分析、解决旅客的抱怨，他们不仅讲究服务的速度，更讲究服务的品质。

经由以上的措施，英航公司的旅客满意度从45%提升到60%，空载率明显减少了。

（资料来源：李永．2006．民航服务心理学．北京：中国民航出版社）

第二节　旅客投诉的心理

旅客对航空公司及其服务人员的服务工作的期望与他所得到的实际感受之间的差距是投诉产生的主要原因。当旅客对购买的某一项服务的期望值大于其购买时得到的实际感受值时，他就会产生不满，就会投诉。这种不满越大，投诉就越容易发生，投诉的强烈程度也就越高。通常说来，旅客在投诉时有以下5种心理需要。

一、求尊重的心理需要

尊重指敬重、重视。人的内心都渴望得到他人的尊重，但只有尊重他人才能赢得他人的尊重。尊重他人是一种高尚的美德，是个人内在修养的外在表现，是顺利开展工作、建立良好社交关系的基石。

民航服务尊重旅客，主要表现在要重视旅客的自主选择和消费权益，重视老弱病残旅客的特殊需要，重视旅客体现身份和地位的需要等。旅客投诉时的尊重需要表现在他们希望服务人员尊重他们，认为他们的投诉是对的、有道理的，认为自己这样做是应该的，渴望得到理解、尊重，愿意看到服务人员当面向他们表示歉意并立即采取相应的行动。

二、求公正的心理需要

旅客消费是为了寻求愉快美好的经历，如果他觉得自己得到的是不公平、不公正的待遇，会觉得心里不平衡或窝火，他们可能会找到有关部门进行投诉，为自己讨回说法，维护自己的权益。

旅客敢于投诉，是自我法律保护意识的觉醒。旅客通过合法的途径投诉，既是为自己，也是为所有的消费者寻求利益保护。通过投诉，使相关部门重视旅客的反映，并不断改进服务质量，能让广大旅客在今后的旅行中得到更优质的服务。

总之，要想妥善处理好旅客的种种不满与投诉，就必须充分了解旅客投诉的具体心理需求，从而对症下药，力争化不利为有利，获得一个圆满的结果。

三、求宣泄的心理需要

宣泄，是指一个人遇到某种挫折时，把由此而引起的悲伤、懊恼、愤怒和不满等情感痛痛快快地“发泄”出来的心理调节方法。把情绪发泄出来后，就可以比较理智地对待遇到的挫折，而不至于耿耿于怀，从而达到一种平和。投诉的旅客是因为自己对民航服务质量不满意，遭到了某种挫折，客观上需要寻求心理上的某种平衡。此时，他们往往通过投诉“宣泄”自己的感情，“出了气再说”或者“出了气再走”就成为他们排解心中不快、气恼的最直接途径。

美国心理学家 J.S. 亚当斯（J.S.Adams）提出了著名的挫折理论，他认为挫折是个人在某种动机推动下所要达到的目标行为，是受到无法克服的障碍而产生的紧张状态与情绪反应。当旅客受到挫折后，有的人采取减轻挫折和满足需要的积极进取的态度，有的人采取消极对抗的态度，会采取一系列的行动来发泄不满。发泄不满最主要的一个渠道就是通过投诉，旅客投诉总是觉得自己理由充足，投诉时往往情绪激动、满腔怒火，他们会利用投诉的机会将自己的烦恼、怒气和怨气发泄出来，将直接被触发的或意识深层的挫折感和郁闷的情绪一扫而光，使其不平静的心情逐渐平静下来。

四、求补偿的心理需要

旅客认为自己花费了钱财和时间，就应该获得相应的优质服务。一旦他们在经济上或精神上受到了一定的损失，希望能得到补偿，继而向有关部门投诉，这也是一种较为普遍的心理。例如，旅客遇到航班延误或取消，希望尽快改签或得到相应赔偿；在机场买到假冒伪劣商品时，希望能退货；被打折机票的虚假广告欺骗时，希望赔偿损失。当然，很多旅客通过投诉寻求的并不是物质上的补偿，更多的是精神上的补偿，或者说是通过物质上的补偿来达到精神上的代偿，获得心理的平衡。

五、关心企业发展的心理需要

并不是所有的旅客都是为了满足个人的需求才投诉的，有些旅客投诉是出于对航空公司的关心，他们希望通过投诉引起有关部门的重视，这样既有利于旅客，也有利于航空公司的发展。例如，旅客发现航空公司的广告宣传词中有病句或者错别字；发现企业的服务设施不周全，无法满足旅客的需要并希望提出自己的改进建议；发现服务人员服务态度不好等。这些因素都可能会导致旅客投诉，其目的是期望企业的管理者不要忽视这一些“不重要的”“小”问题，因为这些问题会影响航空公司的形象与声誉。

练　习

1．分析旅客投诉时有哪些心理需要？

2．作为一名服务人员，你如何看待旅客投诉时的心理需要？

课外阅读

处理旅客投诉的50条建议

法国菲利普·布洛克（Phillip Bullock）在其所著的《西方企业的服务革命》一书中提出了处理旅客投诉的50条建议，复录如下，以飨读者。

1）对待任何一个新接触的人和对待旅客一个样。

2）没有无关紧要的接触和不重要的旅客。

3）投诉不总是容易辩论清楚的。

4）没有可以忽视的投诉。

5）一份投诉是一次机会。

6）发牢骚的旅客并不是在打扰我们，他在行使他的最高权力。

7）处理投诉的人一定被认为是企业中最重要的人。

8）迅速判明投诉的实质。

9）用关键词限定投诉内容。

10）每当无理投诉出现高峰时，应当设法查明原因。

11）在采取纠正行动之前，应立即对每份投诉做一礼节性的答复。

12）要为旅客投诉提供方便。

13）使用提问调查表以方便对话。

14）组织并检查答复投诉后的善后安排。

15）接待不满的旅客时，要称他的姓，握他的手。

16）处理投诉应因人制宜。

17）请保持轻松、友好和自信。

18）让旅客说话。

19）要做记录，可能时使用一份印制的表格。

20）告诉旅客他的问题由你负责处理，并切实去办理。

21）要答应采取行动，还要设法使人相信你的许诺。
22）要证明投诉登记在案后，你即开始行动。
23）告诉旅客他的投诉是特殊的。
24）不谈与旅客无关的私事。
25）防止露出羡慕、烦躁或偏执等情绪。
26）既要让人说话，又要善于收场。
27）学会有效地发挥电话的功用。
28）要像对待你的老主顾那样，对待不是你的旅客的人。
29）绝不要在地位高的旅客和棘手的问题面前胆怯。
30）要核实别人向你传递的消息。
31）要让别人听你的话，但扯着嗓门叫喊是徒劳的。
32）复述事实莫带偏见。
33）切记轻率地做出判断。
34）想一想有否有立即答复的可能，问一问旅客希望你做些什么。
35）别在电话中给予商讨解决问题的方案。
36）请留下你向旅客所做的诺言或保证的书面记录。
37）如你当场爱莫能助，不妨先宽宽他的心。
38）在对话时，对方未说完之前，切莫打断。
39）待对话完毕，立即采取行动。
40）写一份意见书，投给你作为客户的某个企业。试探一下别人对你的方式。
41）千万别对旅客说："您应该……"
42）凡是收到和寄出的一切都得签注日期。
43）要结识那些多次不满的旅客。
44）除非万不得已，不要用电话回复书信。
45）尽快索取你可能需要的补充信息。
46）若情况允许，就用幽默致歉。
47）受过你服务的旅客，可能成为你的朋友。
48）总是由旅客说了算。
49）用典型模式提高速度。
50）时刻为旅客着想，为旅客工作，如同你是旅客一样。

（资料来源：李祝舜．2005．旅游心理学．北京：高等教育出版社）

第三节 旅客投诉的应对措施

面对各种各样的旅客投诉事件，既不要对旅客的投诉置之不理、漠然处之，也不要把旅客的投诉看做洪水猛兽而惊慌失措。应树立正确的观念，保持沉着平和的心态，灵活运用处理投诉的各种对策，有效采取相应的解决措施，有条不紊地化解各类旅客投诉。

一、处理旅客投诉的原则

1．“隔离”原则

在可能的情况下，尽量隔离投诉旅客与其他旅客间的联系。首先这是因为旅客的同质性，会让其他旅客本能地站在投诉旅客一边，指责公司；其次是因为旅客投诉的情况，一般都是我们现在服务中的不足，在知道不足后，我们会及时改进，这些问题将不再存在，所以知道的人应该是越少越好，特别是其他的旅客就更没有必要知道这些将不存在的问题；最后才是最重要的一点，根据群体心理学和个体心理学理论，一个胆小如鼠的人在群体状态下可能做出惊天的冒险行为，在别人的鼓动和面子的支撑下，有些自知理亏的旅客没有下台的台阶，简单的问题可能复杂化。

2．“安抚”原则

在旅客的情绪平静后，再寻求解决方案。在一个人处于情绪中时，人的思维和行为是受情绪控制的，情绪化的行为有可能是粗鲁和违法的，在这样的状态下，旅客难以接受合情合理的解决方案。所以，安抚旅客情绪是首位，只有在旅客情绪平静后，才可以寻求解决方案，否则，我们将很难让旅客对结果满意。因此，正确的做法是在旅客的情绪平静后，再寻求解决方案。通常的安抚技巧：一是耐心地倾听旅客的抱怨，哪怕旅客的言辞激烈和不符合事实，也不要进行解释和说明，旅客的情绪会随着抱怨的过程而慢慢平息；二是对旅客所述的非原则性问题进行简单附和，以达到与旅客存在相似性（同感）的效果。

3．“底线”原则

民航服务是否有底线？这一直是民航从业者及民航专家关注的话题。民航服务有底线，法律就是我们服务的底线，我们要善于用法律来保护旅客和我们的共同利益。我国有句老话，叫做“无知者无畏”，有时候旅客的无理常常是无知的一种典型表现，对于无知的旅客，我们既不能硬碰硬，更不能置之不理，两种方式都会让我们的服务形象受到致命的伤害。我们唯一可以做的就是耐心地教育这类旅客遵纪守法，让他们从无知到有知，懂得用理智和法律来维护自己的合法权益，而不是无理取闹。法律是我们处理服务投诉的底线，这一底线需要我们有技巧地把握。

二、处理旅客投诉的对策

接待投诉的过程也是向旅客进行补救性的心理服务的一个重要组成部分。对于旅客的投诉，服务人员一定要慎重对待。应该耐心而诚恳地接待旅客的投诉。处理旅客投诉的一般对策为耐心倾听、弄清真相、同情旅客、诚恳道歉和恰当处理。

1. 要耐心、认真地倾听投诉人的叙述

旅客来投诉时，应当礼貌地接待。旅客心中有怨愤，让他慢慢地讲，发泄出来，他们心理才会舒服。耐心，有时可以使一个暴跳如雷的旅客平静下来。耐心地倾听旅客投诉，也是为了能弄清事情的真相，以便可以恰当地处理。

旅客投诉时，心中一定有怨怒，不发泄出来，情绪无法平静。应该有礼貌地接待，耐心听他们把话说完。听取意见时，可以适当做些记录，便于以后核实，保持冷静，不要辩解和反驳，尤其是在投诉者宣泄愤怒时，接待人员不适时的解释可能会被认为是在推脱或狡辩，从而招致更多的不满。

有的服务人员在接待旅客投诉时，急于去辩解和反驳，这样做的效果往往不好。因为旅客就是要求服务人员能接受他的意见，而不是来听服务人员辩解和反驳的。在旅客投诉时，民航服务人员的辩解和反驳只能起到反作用，盛怒之下的旅客，会认为服务人员的辩解是对他们的指责和不尊重，旅客就越发受到刺激，问题反而不易解决，甚至有时会使旅客愤然离去。

因此，在听旅客投诉时，服务人员要耐心倾听旅客的宣泄和叙述。听他们诉说时，在适当的时候还要表示一下对旅客的同情，这样就容易使旅客平静下来，事态也能得到缓解和控制。

2. 以诚恳的态度向旅客道歉

当旅客投诉时，民航服务人员一定切忌置之不理或与之发生争吵。有些服务人员认为旅客来投诉他们是多事或找茬儿，有意和服务人员过不去，这种想法是要不得的。

假设民航服务人员能处处向旅客提供周到的服务，一般旅客是不会来投诉的。而如果是因为民航服务人员的工作出现差错，或者是旅客有误会，他提出投诉是相信民航服务人员能处理好这件事情，希望民航服务人员改进工作。

无论旅客投诉的动机如何，客观上是有利于民航服务人员做好工作的。如果一个人或一个单位不知道自己的弱点，就难以改进工作。因此，旅客的投诉对于提高服务质量是有帮助和促进作用的。

另外，在接受旅客投诉时，一定不要简单地把它理解为是对某个人的指责。一些服务人员听不进投诉，往往是认为旅客是在指责自己，而产生抵触情绪，这是不对的。

当旅客前来投诉，民航服务人员应当热情地以诚恳的态度去接待他们，欢迎他们的投诉，倾听他们的意见，诚恳地向他们表达歉意，甚至有时可以请相关领导向旅客道歉，这也是一种诚意的表现。

如果民航服务人员能诚恳地道歉，旅客就觉得民航服务人员重视了他们的投诉，满足了他们的自尊心，为圆满地处理他们的投诉奠定了基础。

不管在什么情况下，当旅客投诉时，服务人员都应该虚心接受，表示歉意。如果是本企业的问题，即使接待投诉的服务人员可能与投诉产生的原因毫无关系，也要立即向旅客

认错，表示歉意，然后对产生问题的原因再做进一步说明。

有些投诉是因为误会，如果是旅客误解了，服务人员仍然可以表示歉意，不要阻拦对方提出自己的要求，不要指责或暗示旅客错了，更不要马上进行自我辩解，与旅客争吵绝对不可取。旅客比较容易接受服务人员采取表示歉意的态度，即使旅客真的错了，辩解也毫无益处，而道歉是不需要成本的，道歉使投诉者觉得你的态度诚恳，能够消除旅客的怨恨，当怒气平息时，旅客会认识到自己的过失。

在表示道歉时，要注意用语，表示出一种诚意。例如，可以说“非常抱歉让您遇到这样的麻烦，这是我们工作的疏漏，十分感谢您提出的批评”等。心中如果不服气，虽然口里说着道歉的话语，脸上还是会流露出不满的表情，所以道歉必须是发自内心的才能使旅客接受。

3. 对旅客表示安慰和同情

前来投诉的旅客一般总是觉得自己受到了伤害，是带着一颗受伤的心来请求有关人员主持公道的。这时，服务人员必须对旅客表示安抚和同情，如可以说“我对您感到气愤和委屈的心情非常理解，如果我是您，我也会有和您相同的感受”。对投诉的旅客做出一些同情和理解的表示，是安慰其已经受伤的心灵的最好办法，也是把他的注意力引向解决问题而不是拘泥于令人烦恼的细节和令人沮丧的情绪的唯一途径。

投诉者所说的事情有时可能不是真实的，但他仍然希望服务人员能够对他表示同情和理解，对于那些夸大其词、喋喋不休的投诉者仍然可以给予他们适当关注，以安抚他们的情绪。如果他们还纠缠不休，可以将他们带到上级主管部门那里，但不能置之不理。

如果旅客大发雷霆，服务人员一定要镇定，保持冷静，不要计较旅客过激的言行，对他们的某些过激的态度表示宽容，要理解他们此时的感情，让他们宣泄不满的情绪，并设法平息事态。

能够说服旅客的往往不是严密的逻辑推理或滔滔不绝的大道理，对旅客的情绪做出一些同情和安慰的表示，才能唤醒旅客的理性，引导事态向着双方都有利的建设性方向发展。

4. 采取积极行动，找到解决问题的办法

对于一些明显是服务工作的错误，应当马上道歉，在征得旅客同意后，做出补偿等处理。

征得旅客的同意是为了避免处理时不合旅客的意愿，反而会使问题复杂化。

而对于一些较为复杂的问题，在弄清楚真相之前，不应急于表态或处理。应当做到有理、有礼。有理就是清楚、明白地列出充分的理由来说服旅客；有礼就是要有礼貌，不能对旅客失礼，在征得旅客同意的基础上，应当做出恰如其分的处理。

为了不使问题进一步复杂化，节约时间，不失信于旅客，必须认真做好这一环节的工作。如果是自己能够解决的，应该迅速回复旅客，告诉旅客处理意见。旅客投诉的处理如果超出自己的权利范围，需要及时向上级报告。如果暂时不能解决投诉，要耐心向旅客解释，取得原谅，并请旅客留下地址和姓名，以便告诉旅客最终处理的结果。如果可能，要

向主管人员或部门报告旅客的投诉，这样会让旅客感到他们的投诉受到重视，因而会使怨气下降而满意度上升。

5．感谢旅客的批评指教

旅客无论是基于何种心理去投诉，在客观上都起到了帮助民航企业改正缺点、改进工作、完善服务的作用，因此，要向旅客表示真诚的谢意，感谢他们的提醒与建议。

6．将补救措施立即付诸行动

了解清楚旅客的投诉情况后，要果断采取补救的措施，视情况对旅客予以补偿。

制定了措施后，还要立即贯彻执行，付诸行动。拖延只会引起旅客更大的不满，旅客可能会认为民航企业缺乏诚意。抓紧时间和提高效率是对旅客的最大尊重，否则旅客是不会满意的。补救措施实施后，要尽快再次征求意见，询问旅客的满意程度。

7．要落实、监督、检查对旅客投诉的具体解决措施

处理旅客投诉并要获得良好的效果，其最重要的一环便是落实、监督、检查已经采取的纠正措施。

只有良好的监督机制，才能确保正确的补救措施能得以真正地执行，否则，补救措施制定得再完美，也只能流于空谈。

相关链接

处理旅客投诉的8种错误方式

1）只有道歉，没有进一步的行动。

2）把错误归咎到旅客身上。

3）做出承诺却没有实现。

4）完全没反应。

5）粗鲁无礼。

6）逃避个人责任。

7）非言语的排斥。

8）质问旅客。

三、处理旅客投诉的技巧

1. 要让旅客得到替代补偿性的满足

替代是指人们在不能以特定对象或特定的方式来满足自己的欲望，表达自己的感情时，改用其他的对象或方式使自己得到一种替代的满足或表达，用来减轻以至消除自己的挫折感的心理调节方法。

补偿是指一个人在生活的某一方面的需要无法获得满足而产生挫折感时，转而到其他方面去寻求更多的满足，使自己得到补偿的心理调节方法。

当旅客由于服务的缺陷而感到不满时，服务人员要让旅客得到某种替代的满足或者得到某种应有的补偿，以此来消除旅客的不满意。

尽最大努力去满足旅客的需求，在不能完全按照旅客的心愿去满足旅客的需求时，要征求旅客的同意，用其他的方式去满足旅客的需求。遇到需求过一段时间才能让旅客得到满足的情况时，最好是马上给旅客一些及时的替代的满足。对那些觉得吃亏的旅客，应该设法让他们得到补偿。在功能服务有缺陷时，常常可以通过心理服务来使旅客得到补偿。

2. 引导旅客往好处想

当人们遇到自己不愿意接受而又不得不接受的事情时，往往会用一种解释使这种无法接受的事情合理化，为自己找到一个借口来进行解释，以达到心理平衡。当旅客遇到不顺心的事情时，服务人员也应该引导旅客往好处想。在服务有缺陷而使旅客感到不满时，也要让旅客知道这并不是服务人员不愿意为他们提供更好的服务，事实上服务人员已经尽心尽力了，能够让旅客觉得服务工作的缺陷是可以谅解的，就能减轻以至消除他们的不满情绪，使他们对服务人员表现出合作的而不是对立的态度。

当旅客遇到不顺心的事情时，要尽可能引导旅客看到事情也有好的一面，最好是能够经过努力把坏事变好事。

3. 让旅客出了气再走

宣泄是指当一个人遇到某种挫折时，把由此引起的悲伤、不满等情绪痛痛快快地发泄出来的心理调节方法。能够把情绪发泄出来，就能比较理智地来对待挫折，以后也比较容易忘掉这个挫折，而不至于总是耿耿于怀。

当旅客由于服务的缺陷而感到不满时，服务人员也应该让旅客发泄自己的情绪，让他们出了气再说或出了气再走。

练　习

1. 简述处理旅客投诉要遵循哪些原则。

2．服务人员在处理旅客投诉时的对策有哪些？

3．你如何看待处理旅客投诉的技巧？

课外阅读

处理10种不同类型旅客投诉的策略

1．感情用事者——稳

这类旅客很容易受感情支配，在接受服务时有较强的情绪色彩，心态常常跟着感觉走，遇到不满时情绪激动，或哭或闹。

面对这类旅客时要立足于“稳”，保持镇定，适当让旅客发泄，对其反映的情况表示理解，尽力安抚，告诉旅客一定会有解决方案，在语气上注意谦和但有原则、软硬兼施。

2．以正义感表达者——尊

这类旅客爱以“打抱不平者”、“包青天”形象自居，通常语调激昂，认为自己在为捍卫公平和拯救苍生而尽力。

面对这类旅客时要立足于“尊”，肯定旅客，并对其反映问题表示感谢，告知机场的发展离不开广大旅客的爱护与支持，与包括其在内的旅客的建言献策分不开，满足其受尊重的需求。

3．固执己见者——缓

这类旅客在接受服务的过程中以自我为主，坚持自己的意见，不听劝告和忠言，爱钻牛角尖。

面对这类旅客时要立足于“缓”，先表示理解旅客，从旅客的角度向其解释民航规定并为其提出解决方案，力劝旅客站在互相理解的角度解决问题。

4．有备而来者——专

这类旅客大都有相当的常识，对相关法规有一定的了解，注意细节，善于发现不宜被人注意之处，甚至会记录处理人的谈话内容或录音。

面对这类旅客时要立足于“专”，处理者一定要清楚机场的服务政策及有关规定，充分运用政策及技巧，语调要充满自信，同时要抓住时机，适度赞扬其高见、独具慧眼，寻求为旅客解决问题的方案。

5．冷静思想者——理

这类旅客遇事沉稳、冷静、客观，不易冲动，具有较强的自我控制能力。

面对这类旅客时要立足于“理”，对其晓之以理，阐明并出示相关规定，向其表明服务人员希望解决旅客问题的诚意。

6．有社会背景、宣传能力者——敬＋专

这类旅客通常是某重要行业的领导，电视台、报社记者或律师，在遇到不满足其要求时常常以实施曝光威胁。

面对这类旅客时要立足于“敬＋专”，处理者要谨言慎行，尽量避免使用文字，对处理过程和结果要认真记录，及时上报有关部门研究，寻求上级支持。

7．生性多疑者——诚

这类旅客容易对周围的事物产生怀疑，对任何人、任何事持怀疑态度，甚至对规定也持怀疑态度，或担心被歧视。

面对这类旅客时要立足于“诚”，应以亲切的态度与之交谈，千万不要与其争辩，更不能向其施加压力。在处理时要注意观察旅客的困扰处，以朋友般的语气询问“我能帮你忙吗”，等其心平气和时，再拿出相关规定，使其信服。

8．圆滑难缠者——法

这类旅客的特点是老练、世故、难缠，总是先固守阵地，预设立场，而后提出各种尖锐的问题，有时还会提出附加条件。

面对这类旅客时要立足于“法”，千万不要中其圈套，以理服人，对其问题各个击破，在其触犯法规时要义正言辞，告知后果。

9．内向含蓄者——度

这类旅客生活比较封闭，对外界反应冷淡，不易冲动，同时对服务人员的态度、举止非常敏感，并且讨厌服务人员过分的热情。

面对这类旅客时要立足于“度”，做到礼节适度，忌过热过冷，对其反映的问题按程序处置，并告知处理结果。

10．忠厚老实者——礼

这类旅客很友好，并且对服务人员也比较信任，没有主见，态度友好。

面对这类旅客时要立足于“礼”，按规范服务，落实标准，在与其交流时要注意摆事实，讲道理，必要时请领导出面，以争取旅客的最大理解和同情。

俗话说，“百人吃百味”。每个旅客的性格不同，其在接受服务过程中的心理状态及需求也不一样，这就要求民航服务人员在工作实践中不断总结和创新。在处理旅客投诉、建议的过程中因人、因时、因境制宜，采取不同的策略与技巧，从而不断提高服务质量，提升旅客满意度，全面提升民航服务水平。

（资料来源：吴泽柱．处理 10 种不同类型旅客投诉的策略．中国民航报．2010-3-9）

参考文献

包陶迅．2009．现代生活与心理健康，沈阳：辽宁教育出版社．

车宏生．2008．心理学基础．北京：教育科学出版社．

陈淑君．2006．民航服务、沟通与危机管理．北京：中国民航出版社．

邓永萍．2010．沟通技巧在民航服务中的运用．成都航空职业技术学院学报，3：62～63．

顾胜勤．2005．民航旅客服务心理学．北京：北京理工大学出版社．

何倩茵．2012．浅谈航空公司的服务失误与补救．空运商务，9：14～16．

黄明涛．2006．服务意识．北京：中国传媒大学出版社．

金东兴，等．2005．高师应用心理学．北京：中国科学技术出版社．

李永，张澜．2006．民航服务心理学．北京：中国民航出版社．

刘光才，龙继林．2012．从旅客投诉内容看中国机场服务质量改进重点．经济研究导刊，19：215～218．

龙继林，刘光才．2011．我国航空运输服务投诉及对策思考．交通企业管理．3：58～60．

娄世娣．2006．旅游心理学．郑州：郑州大学出版社．

马银文．2010．生活中不可不知的人际关系学．北京：中国画报出版社．

玛丽·波雷尔．2005．缓解压力．韩沪麟译．广州：广东人民出版社．

欧阳辉，等．2010．大学生心理健康应用教程．沈阳：辽宁教育出版社．

深堀元文．2007．图解心理学．天津：天津教育出版社．

天宇．2003．如何赢得顾客的心．北京：中国致公出版社．

王黎军．2012—6—5．浅议民航员工心理压力及管理对策．中国民航报。

韦明体．2008．现代酒店服务意识．重庆：重庆大学出版社．

魏全斌，刘忠，刘桦．2008．航空服务心理与实务．成都：四川教育出版社．

向莉，周科慧．2009．民航服务心理学．北京：国防工业出版社．

许燕．2004．旅客心理：航班延误的冲突致因与对策．中国民用航空，8：29～32．

杨桂芹．2011．民航客舱服务与管理．北京：中国民航出版社．

于海波．2007．民航服务心理学教程．北京：中国民航出版社．

张澜．2007．民航服务心理与实务．北京：旅游教育出版社．

张黎宁．2008．航空港旅客服务．北京：高等教育出版社．

章志光．2008．社会心理学．北京：人民教育出版社．

赵冰梅．2005．民航空乘服务技巧与案例分析．北京：中国广播电视出版社．

周坚强，朱慧．2004．论情绪对健康的影响．江苏经贸职业技术学院学报，4：78～79．

邹建新．2005．民航企业服务管理与竞争．北京：中国民航出版社．